ILSE GRÄFIN VON BREDOW

Ich sitze hier und schneide Speck

Ilse Gräfin von Bredow

Ich sitze hier und schneide Speck

Die Küche meiner Kindheit
im Frühling

Mit Rezepten von
Dagmar von Cramm

SCHERZ

Christiane von Saldern, der Ideenreichen

Erste Auflage Februar 2000
Copyright © 2000 Scherz Verlag, Bern, München, Wien.
Lektorat: Dr. Hiltgunt Grabler

MÄRZ

1

Und wer mich liebt, der holt mich weg

Aus heutiger Sicht gesehen war die Küche meiner Kindheit eher murklig. Sie befand sich im Keller, den man damals vornehm Souterrain nannte und der heute zum Tiefparterre hochstilisiert ist. Sie hatte einen reichlich porösen unebenen Zementfußboden und statt einer Wasserleitung eine Pumpe mit Spülstein. Auch das Meublement war bescheiden. Es bestand aus einem wurmstichigen Küchenbuffet für Geschirr, Bestecke und Töpfe und einem Schrank, in dem alles andere Gerät, das man so in der Küche brauchte, untergebracht war. Es gab einen kleinen Brottisch und einen großen Tisch am Fenster, unter dem die beiden Zinkwannen für den Abwasch standen. Die Wände waren gekalkt und über dem Herd von Ruß geschwärzt.

Der Herd war natürlich der Mittelpunkt des Ganzen, ein betagtes Ungetüm, das noch von dem früheren Bewohner des Forsthauses, einem Förster meines Großvaters, stammte. Er war nicht irgendein beliebiger Gegenstand, er gehörte zur Familie und war, wie wir alle, ein eigenwilliger Charakter, der sich nichts gefallen ließ, am wenigsten von schusseligen Stubenmädchen, die, wie Mamsell behauptete, eher den Spruch «Arbeite fröhlich und gediegen, was nicht fertig ist, bleibt liegen» beherzigten als den von den fleißigen Händen, die kein Ende finden, und ihn gedankenlos mit nassem Holz vollstopften. Die Strafe folgte denn auch im wahrsten Sinne des Wortes auf dem Fuße. Die

Ofentür öffnete sich wie von Geisterhand, und eine Ladung angekohlten, rauchenden Holzes landete auf den Schuhen des aufkreischenden Mädchens. Wenn man ihn mit zu viel Kien fütterte, um so schnell wie möglich Kohlen und Holz zum Brennen zu bringen, nahm er es übel. Es entstand in Windeseile eine derart mörderische Hitze, dass die Herdplatte zu glühen und das Wasser im Seitenschiff zu brodeln begann. Dann war es höchste Zeit, einen Teil der Glut in den Ascheimer zu befördern, die Ofentür zu öffnen und das Fenster aufzureißen, damit sich der echauffierte Herd wieder beruhigte.

Mamsell hasste ihn von ganzem Herzen und ließ nicht nach, sich über ihn zu beschweren und einen neuen zu fordern, womit sie natürlich bei Vater auf taube Ohren stieß. Er sah gern über alles hinweg, was er nicht selbst benutzen musste. Zum Beispiel war das Tranchiermesser ein geheiligter Gegenstand, dessen Klinge er genau prüfte, ehe er es in Gebrauch nahm. «Hat schon wieder ein Idiot Kien damit geschnitten? Ist ja ganz schartig», behauptete er jedes Mal, und während alle Augenblicke neue Wundermesser gekauft werden mussten, verhallten Mamsells Klagen ungehört. Galt denn nicht im ganzen Dorf unsere Küche geradezu als hochherrschaftlich? Na also!

Und er hatte Recht, sie tat es. Allein schon dieser Luxus, eine Pumpe in der Küche! Nicht mehr die ewige Schlepperei mit den Wassereimern vom Hof! Und dann dieser wundervolle Herd, ausgestattet mit zwei Röhren, einer zum Backen und einer zum Braten. In manchen Häusern gab es nur eine Art Feuerstelle, aus Backsteinen gemauert, mit offenem Kamin, durch den die Sterne schauten. Und Dohlen, die ein Nest im Schornstein in Erwägung zogen und sich dazu ein wenig umsahen, kam plötzlich ein zum Wenden in die Luft geworfener Eierkuchen entgegengesegelt. Von einem solchen Herd, wie wir ihn hatten, konnte man nur träumen. Außerdem wusste doch jedermann, dass Seine Königliche Hoheit, der Prinz von Hannover und Herzog zu Braunschweig und Lüneburg, Kommandeur der Ziethenhusaren in Rathenow, nach einer Jagd bei meinem Großvater des Öfteren im Försterhaus eingekehrt war und den Rehrücken der Förstersfrau immer besonders gelobt hatte!

Unsere Küche besaß für Mensch und Tier die gleiche Anziehungskraft. Wintermärchen, das Pferd meiner Schwester, liebte es, in den Garten einzudringen und von dort aus seinen Kopf durchs Küchenfenster zu stecken, um die Streusel vom Blechkuchen zu fressen, der von Mamsell zum Auskühlen aufs Fensterbrett gestellt worden war. Die Backröhre diente im Sommer als Brutkasten für zu früh geschlüpfte Küken, die dort in einem Schuhkarton dem rauen Leben auf dem Hühnerhof entgegenpiepsten. Junge Katzen strichen Mamsell um die Beine, und von uns aufgelesene, aus dem Nest gefallene Spatzenjunge wollten gefüttert werden. In der Küche herrschte Burgfrieden, und so trottete Möpschen, unser Bernhardiner, nur hin und wieder zur offenen Backröhrentür, um die Küken vorsichtig zu beschnuppern, wobei ihm vor lauter Gier nach diesen zarten Leckerbissen der Sabber nur so heruntertropfte. Auch die Katze hielt sich fern. Allein die Unart, sich in die Schüssel mit dem Quark zu legen, der sich mit Hilfe von Natron in Kochkäse verwandeln sollte, war ihr schwer abzugewöhnen.

In unserer Küche gab es ein ständiges Raus und Rein. Wir waren sehr unruhige Kinder und hielten es nicht lange an einem Ort aus. Außerdem waren wir Topfgucker der schlimmsten Sorte und gaben dabei mit großer Wichtigkeit die von den Erwachsenen aufgeschnappten Weisheiten zum Besten. Mamsell war die Geduld selbst und hörte sich den größten Unsinn gelassen an. Nur wenn wir anfingen, uns zu zanken, schmiss sie uns raus.

Die Küche war zudem Schauplatz vieler turbulenter Ereignisse. So beförderte Tante Herta unsere Hauskröte, die sich gerade auf dem Weg von der Kellertreppe zu ihrem Stammplatz unter dem Spülstein neben der Pumpe befand, fast ins Jenseits. Sie stolperte auf der letzten Stufe und versuchte sich vergeblich am Butterfass festzuhalten. Tante und Fass stürzten zu Boden, und die Buttermilch ergoss sich zu Möpschens großer Freude durch die Küche. Oder der für die Gäste im Wasserbad zubereitete Spargelpudding klebte plötzlich an der Decke, weil Mamsell die Form zu hastig geöffnet hatte. So manches Stück wertvollen Porzellans ging zu Bruch, darunter zwei besonders erlesene Mokkatassen, weil Möpschen hin und wieder über die Tauben, die vor dem Küchenfenster auf und ab spazierten, so in Rage geriet, dass er auf den Küchentisch sprang, auf dem die Kostbarkeiten gerade des Abwaschs harrten.

Aber das war nichts gegen das, was Tante Hertas Dackel passierte. Das streitsüchtige Tier griff in der Küche plötzlich Möpschen an, und es gab eine wilde Beißerei. Mamsell fackelte nicht lange. Sie nahm, wie sie glaubte, einen Topf mit Wasser und leerte ihn über beide Hunde aus. Den größten Teil bekam der Dackel ab, der sich augenblicklich in eine Art Zuckerschnecke verwandelte. Was Mamsell für Wasser gehalten hatte, war eine von ihr vorbereitete Zuckerlösung für Obst gewesen, das sie einwecken wollte. Sie schmiss die verdatterten Hunde raus und hatte alle Mühe, die verklebte Küche wieder einigermaßen begehbar zu machen. Als sie damit fertig war, fielen ihr die Hunde wieder ein, die sich inzwischen wahrscheinlich gegenseitig völlig zerfleischt hatten. Doch als sie auf den Hof kam, sah sie die beiden friedlich vereint auf dem Rasen liegen. Mamsell rief den Bernhardiner, aber der kümmerte sich nicht darum. Er war ganz damit beschäftigt, den Dackel abzulecken. Möpschen liebte Süßes über alles, er leckte und leckte, und der Dackel schien seine Streitsucht vergessen zu haben. Von da an waren die beiden Freunde fürs Leben.

Unsere Küche war aber auch ein Ort der Bekenntnisse und Beichten. Junge Tanten, die nach Bällen in Berlin den kleinen Abstecher in unsere Wildnis nicht scheuten und gern einmal bei meinen Eltern hereinschauten, schütteten Mamsell ihr Herz aus. Sie sahen ihr beim Kochen zu und redeten und redeten, während Mamsell alle Augenblicke nach den Kartoffeln kuckte, die nicht kochen wollten, weil der Herd mal wieder nicht genug Hitze gab, und «Miststück!» vor sich hin murmelte, womit sie natürlich den Herd meinte und nicht – wie die Tanten, gerührt über so viel Teilnahme, annahmen – den treulosen Verehrer.

Der Herd war und blieb für Mamsell ein leidiges Thema, das anscheinend im Frühjahr besonders akut wurde, wenn der Schornsteinfeger kommen sollte, der jedoch gern auf sich warten ließ.

Mit dem Frühling war es nicht anders. Auch er nahm sich Zeit und konnte es, was Verspätung anging, durchaus mit der Kleinbahn aufnehmen, die, je nach der Zahl der Waggons, vor jeder kleinsten Steigung eine längere oder kürzere Verschnaufpause einlegen musste. Zwischendurch foppte er uns gern mit ein paar überraschend warmen, fast sommerlichen Tagen, was uns sofort herumnölen ließ: Wir wollten endlich nicht mehr die kratzigen langen Wollstrümpfe tragen, sondern Kniestrümpfe oder Söckchen, warm genug dafür sei es doch nun wirklich. Wie immer gab Mutter nach. Endlich waren wir auch das verhasste Leibchen mit den Strumpfhaltern los, an die die Strümpfe geknöpft waren. Aber nur für kurze Zeit. Das Wetter schlug um, und Husten und Fieber waren die Folgen unseres Leichtsinns, von Mutter als schwere Grippe, von Vater als leichte Erkältung bezeichnet. Während sich die Temperaturen bereits wieder bedenklich dem Gefrierpunkt näherten und vorwitzige Schneeglöckchen, Krokusse und Osterglocken auf dem Rasen von Schlackerwetter überrascht wurden, bekam man kalte Wickel, die das Fieber herunterdrücken sollten, verbrauchte unzählige Taschentücher, trank schaudernd Huflattichtee aus einer von Tante Herta selbst zusammengestellten und von ihr wärmstens empfohlenen Kräutermischung, die grauenvoller als Lebertran schmeckte, fror und schwitzte abwechselnd vor sich hin, das Fieber stieg weiter, und die Tapetenmuster schnitten einem Fratzen. Mutter bestand auf einem Arzt, was Vater völlig überflüssig fand. «Willst du diesen armen Menschen wegen so einer Lappalie wirklich bei Sturm und Regen hierher hetzen?»

«Ja, das will ich», sagte Mutter sehr bestimmt. Das Fräulein vom Amt, ebenfalls stark verschnupft, erkundigte sich teilnehmend, ob es etwas Ernstes sei, ehe sie meine Mutter mit dem Arzt verband.

«Scheußliches Wetter», sagte der Doktor, als Mutter ihn ins Krankenzimmer führte, und wärmte sich fürsorglich erst die Hände am Kachelofen, ehe er mich abhorchte. Dann sah er meine Mutter an, sagte: «Na ja», verordnete weitere Bettruhe, roch am Huflattichtee, warf mir einen mitfühlenden Blick zu und hinterließ einen herrlich schmeckenden Hustensaft, von dem ich freiwillig die dreifache Menge schluckte, außerdem das Allheilmittel Akonit in Form von winzigen Kügelchen, die genau abgezählt werden mussten. Das geschwächte Kind bekam ein kräftigendes gekochtes Täubchen mit Reis, so viel Vanillepudding mit Himbeersaft, wie es wollte – «Das Kind kommt uns sonst zu sehr runter» –, durfte aber erst nach drei fieberfreien Tagen aufstehen und nach zwei weiteren Tagen schließlich an die frische Luft. Eingemummelt bis zur Nasenspitze, bewacht von Mutter, umrundete es ein paar Mal die Leiterwagen auf dem Hof, weil Mutter behauptete, es wehe ein eisiger Wind und bei den Wagen sei es windgeschützt, während das Kind es ziemlich warm fand.

Inzwischen zeigte sich Mamsell einmal wieder von ihrer muffigsten Seite. Sie haderte mit dem Herd, weil ihr ein Napfkuchen missglückt war. Als die Eltern mit mir in die Küche kamen, saß sie beim Kartoffelschälen und murmelte den alten Kindervers vor sich hin: «Ich sitze hier und schneide Speck, und wer mich liebt, der holt mich weg.»

«Aber nicht doch!», rief Vater. «Was ist denn passiert?»

Mamsell zeigte anklagend auf den verbrannten Napfkuchen.

«Kann ja mal vorkommen», versuchte Vater sie zu beruhigen.

«Der Herd!», rief Mamsell. «Er ist der Nagel zu meinem Sarge!»

«Mamsell hat Recht», kam ihr Mutter zu Hilfe. «Er ist wirklich eine Zumutung.» Sie hustete ostentativ. «Du musst doch merken, wie er qualmt.»

«Nur die Sonne, die auf den Schornstein drückt», beschwichtigte Vater. «Der Schornsteinfeger hat sich bereits angekündigt.»

«Sonne? Draußen regnet's, wenn dir das noch nicht aufgefallen ist.»

Vater sah aus dem Fenster. «Tatsächlich. Aber es muss gerade erst angefangen haben. So ist es eben im Frühling. Früh links erwachen, abends rechts einschlafen.» Er lachte herzhaft über diesen abgestandenen Familienscherz.

Mamsells Miene verfinsterte sich mehr und mehr. «Und wer mich liebt, der holt mich weg», wiederholte sie. Sie sagte es so nachdrücklich, dass Vater zusammenfuhr und ihr versprach, den Ofensetzer zu bestellen.

«Wahrscheinlich muss er nur mal wieder richtig ausgeschmiert werden. Der Schmorbraten neulich war doch eine reine Delikatesse.»

Aber ehe er weiterreden konnte, wurde er ziemlich rüde von Mutter unterbrochen. «Komm uns jetzt bitte nicht wieder mit der Geschichte von Seiner Königlichen Hoheit und dem Rehrücken. Es ist allein Mamsells Verdienst, dass sie mit dieser unbeständigen Hitze alles überhaupt noch so einigermaßen hinbekommt.»

Vater zog hastig seine Taschenuhr: «O Gott, schon so spät! Ich habe ja ganz vergessen, dass ich mit dem Bürgermeister verabredet bin!» Er verließ fluchtartig die Küche. Die beiden Frauen sahen sich an. Mutter wollte wissen, was es zum Mittagessen geben sollte.

«Hefeklöße mit Backobst», erklärte Mamsell. Mutter lächelte belustigt und schadenfroh zugleich. Vater hasste Hefeklöße mit Backobst. Mit heißer Pflaumensoße waren sie vielleicht noch akzeptabel. Aber Backobst!

«Steter Tropfen höhlt den Stein.» Mamsells Stimme klang zuversichtlich.

Mutter seufzte. «Ich kenne den Stein länger.»

Natürlich galt auch für Vater die eiserne Regel: Was auf den Tisch kommt, wird gegessen, obwohl wir Kinder fanden, dass alles, was wir nicht mochten, besonders häufig serviert wurde: Erbsen- und Linsensuppe, Béchamel-Kartoffeln, Steckrüben, Schnippelbohnen, Blumenkohl, Rosenkohl, Wirsingkohl oder Graupen. Und fast alles Gemüse wurde mit einer Mehlschwitze angedickt. Dagegen hatten wir nichts einzuwenden gegen falschen Hasen, dessen Reste wir dann zum Abendbrot noch einmal als Aufschnitt mit Mostrich bestrichen aßen, verlorene Eier, Kartoffelbrei mit Setzeiern, arme Ritter und Eier-kuchen. Fleisch stand höchstens ein-, zweimal in der Woche auf dem Speisezettel. Am Sonntag gab es den obligaten eingeweckten Schwei-nebraten mit Sauerkraut und Kartoffelklößen oder Wild. Und auch der Sonnabend hatte sein Stammgericht: Kartoffelsuppe. Die tägliche Suppe vor dem Hauptgericht war meist mit Grieß angemacht und schmeckte reichlich fade, aber der Abschluss fand wieder unseren Beifall, Kompott oder der geliebte Grießflammeri, in Form eines Fi-sches, mit Johannisbeersaft. Auch zum Abendbrot musste vorweg et-was Warmes die Mägen füllen, Bratkartoffeln, Kartoffeln mit Stippe oder Sülze und Rührei natürlich. Da dieses im Winter von eingelegten Eiern stammte, hatte es eine reichlich gummiartige Konsistenz. Wir lechzten geradezu nach frischen Eiern, und bei den Abendeinladungen in der Nachbarschaft hieß es nun nicht mehr: «Legen deine Hühner noch?», sondern: «Legen deine Hühner wieder?»

Aber die waren ebenso «von Anhalt» wie die Natur, die nach dem ersten Überschwang wieder in den Winterschlaf zurückgefallen zu sein schien. Nicht einmal das Wasser auf den Wiesen konnte sich entschlie-ßen abzufließen, und wir balancierten weiterhin die Koppelzäune ent-lang auf der Suche nach laichenden Hechten. Nur Kraniche und Wildgänse waren verheißungsvolle Frühlingsboten. In Scharen zogen sie über unsere Köpfe hinweg, und so lasen wir zum x-ten Mal Selma Lagerlöfs *Nils Holgersson* und übten uns weiter in Geduld. Denn das hatten wir als Landkinder längst gelernt: Die Natur ließ sich nun mal nicht drängeln.

Täubchen in Bouillon

Täubchen als Suppe galt als ideale Nahrung für Rekonvaleszenten. Heute bekommen Sie Täubchen normalerweise nur noch beim Feinkosthändler oder auf dem Wochenmarkt. Ersatzweise können Sie Stubenküken nehmen oder 1 Suppenhuhn (Garzeit 1½ Stunden) – auch wenn das Aroma nicht zu vergleichen ist! Übrigens: Für die Suppe wurden eher ältere Tauben (so wie Suppenhühner) genommen und diese deshalb mit kaltem Wasser aufgesetzt und 2 Stunden gekocht.

Zutaten für 4 Personen:
2 ausgenommene Täubchen
  (à ca. 400 g)
1 Bund Suppengrün
1 Petersilienwurzel (wenn vorhanden)

Salz
Zum Einkochen: 1 Tasse
  Langkornreis
1–2 Eigelb

Die Täubchen waschen. Suppengrün und Petersilienwurzel waschen und grob zerkleinern. In einem hohen, passenden Topf 1 l Wasser, das Suppengrün, die Petersilienwurzel und 2 TL Salz zum Kochen bringen. Die Tauben hineinlegen und etwa 30 Minuten leicht kochen lassen. Dann herausheben, die Brühe durch ein Sieb gießen. Wieder zum Kochen bringen und den Reis einstreuen (früher wurde er vorher gewaschen und gebrüht – das ist heute nicht mehr nötig). Etwa 15 Minuten leicht kochen lassen, bis der Reis weich ist. Das Fleisch inzwischen auslösen und in mundgerechte Häppchen schneiden, in der fertigen Bouillon heiß werden lassen. Zum Schluss ein oder zwei Eigelbe mit einigen Löffeln heißer Brühe in einer Tasse anrühren und unter Rühren in die heiße Suppe laufen lassen. Sofort zu Tisch geben und nicht mehr kochen lassen, sonst gerinnt das Ei.

Reis kochen

Früher wurde Reis vor dem Kochen gewaschen und gebrüht: Zunächst wurde er in kaltem Wasser zwischen den Fingern gerieben, um Spelzen und Fehlkörner auszusortieren. Dann wurde der Reis nochmals mit kaltem Wasser aufgesetzt, einmal aufgekocht, in ein Sieb abgegossen und kalt abgeschreckt. Das war nötig, weil die Körner Verunreinigungen enthielten und noch nicht so glatt poliert waren – der Reis sollte ja bei Tisch schneeweiß und körnig sein!

Vanillepudding mit Himbeersaft

Eigentlich heißt ein Pudding nur Pudding, wenn er im Wasserbad gegart wird. Alles andere ist ein Flammeri. Das ist aber in Vergessenheit geraten – dank Dr. Oetker… Gekocht wurde Pudding von der Mamsell aber immer noch selbst – und nicht mit Fertigpülverchen.

Zutaten für 4 Personen:

¾ l Milch	50 g Zucker
60 g Speisestärke	1 Prise Salz
1 Stückchen Zitronenschale	3 Eier
1 Stückchen Vanillestange	

Eine Tasse von der Milch abnehmen, die Speisestärke darin anrühren. Die übrige Milch mit Zitronenschale, Vanille, Zucker und Salz verrühren und zum Kochen bringen. Die angerührte Stärke (am besten durch ein Sieb wegen der Klümpchen) unter Rühren in die Milch einfließen lassen und alles etwa 10 Minuten dick einkochen. Die Eier trennen. Eiweiß sehr steif schlagen. Die Eigelbe mit einigen Löffeln heißem Pudding anrühren, dann den Pudding vom Feuer nehmen und die Eigelbe unterschlagen. Unter Rühren einmal kurz aufpuffen lassen, sofort vom Feuer nehmen und den Eischnee unterziehen. Die Masse in eine Schale füllen und kalt stellen. Vorher ganz dünn mit Puderzucker überstäuben, damit sich keine Haut bildet. Mindestens 6 Stunden in den Kühlschrank stellen, dann mit Himbeersirup servieren.

Wer den Pudding stürzen möchte, lässt den Eischnee weg (und backt

Baisers daraus, Rezept Seite 128) – er macht die Speise so locker, dass sie zum Stürzen nicht mehr fest genug ist.

Himbeersaft

Es gab selbst eingekochten Himbeersaft. Den bekommen Sie heute fast nur noch im Reformhaus – oder Sie müssen ihn selbst machen. Eine Alternative ist Himbeersirup. Ist er Ihnen zu süß, verdünnen Sie ihn mit etwas Wasser und ein paar Tropfen Zitronensaft.

Vanillestangen

Vanillestangen waren eine teure Delikatesse, die zweimal benutzt werden konnte: Nachdem sie der Milch das Aroma gegeben hatten, wurden sie abgewaschen, an der Luft getrocknet und dann in einem Gefäß mit Streuzucker aufbewahrt. Nach 1 bis 2 Wochen nimmt der Zucker das Aroma an. Probieren Sie es mit einer frischen Vanillestange aus – das schmeckt feiner als Vanillinzucker aus der Tüte.

BÉCHAMEL-KARTOFFELN

Die ursprüngliche Béchamel wird mit Wurzelgemüse angesetzt. Mit Kartoffeln ergibt sie ein Bredow'sches Hauptgericht. Aber sie verbindet auch gekochtes Gemüse wie Blumenkohl, Kohlrabi, Spargel oder Möhren zu einem kremigen Ganzen. Dann wird sie aber mit dem Gemüsewasser statt Fleischbrühe angegossen.

ZUTATEN FÜR 4 PERSONEN:

3–4 Zwiebeln	1 Lorbeerblatt
1 Möhre	einige Pfefferkörner
1 Stückchen roher Schinken	Salz
2–3 Champignons oder	geriebene Muskatnuss
Pilzstiele (wenn vorhanden)	1 Schuss Sahne
40 g Butter	2–3 EL Schnittlauchröllchen
2 EL Mehl	2 saure Gurken (Salzgurken)
¼ l Fleischbrühe	1 kg Pellkartoffeln
¼ l Milch	

Zwiebeln und Möhre schälen, mit dem Schinken und den Pilzen in Würfel schneiden, in der Butter bei kleiner Hitze glasig dünsten. Dann mit Mehl überstäuben und weiterdünsten, bis das Mehl gelblich wird. Vom Feuer nehmen (das ist wichtig, sonst klumpt die Schwitze!) und auf einmal die kalte Brühe einquirlen, dann die kalte Milch. Die Gewürze zugeben und die Béchamel bei kleiner Flamme unter Rühren zum Kochen bringen. Kocht die Soße erst einmal und ist sie glatt, kann nichts mehr schief gehen. Etwa eine Viertelstunde leise kochen lassen, dann durch ein Sieb rühren. Nochmals aufkochen, mit etwas Sahne, Salz und Schnittlauch abrunden. Die Gurken fein würfelig schneiden, mit den gepellten, klein geschnittenen Kartoffeln in der Stippe heiß werden lassen, auftragen.

Tipp: Eigentlich ist es schade, das Gemüse wegzuwerfen: Fischen Sie das Lorbeerblatt heraus, nehmen Sie gemahlenen Pfeffer statt Körner, verzichten Sie auf den Schinken und pürieren Sie die Soße mit dem Pürierstab – dann können Sie auch 1 EL Mehl sparen, denn das Gemüse gibt zusätzlich Bindung.

Mehlschwitze (Einbrenne)

Mehlschwitze ist zu Unrecht in Verruf gekommen, denn es gibt kaum eine leichtere Möglichkeit, Soßen kremig zu binden. Voraussetzung ist allerdings, dass die Soße wirklich 15 Minuten kocht – dann verliert sich erst der Mehlgeschmack. Entscheidend ist außerdem, ob die angegossene Flüssigkeit aromatisch ist. Eine kräftige Brühe oder ein intensiver Gemüsesud geben ja erst das Aroma zur Milch oder Sahne!

FALSCHER HASE

Der falsche Hase ist eine prima Resteverwertung: Bis zu ein Drittel des Fleisches können Bratenreste oder Ähnliches sein. Der Rest muss roh sein, um die Bindung zu erzeugen. Je knapper die Kasse, desto mehr Brot und Ei wandern in den Hasen …

Zutaten für 4 Personen:

1 altbackenes Brötchen
1 Zwiebel
3 EL Butterschmalz
3–4 Sardellen
500 g Hackfleisch, halb
 Rind, halb Schwein
Salz, weißer Pfeffer

1 Prise Muskatnuss
1 EL Mostrich (Senf)
2 Eier
50 g dünne Scheiben fetter Speck
1 Tasse saure Sahne (10 % Fett)
evtl. 1–2 TL Speisestärke

Das Brötchen in warmem Wasser einweichen. Die Zwiebel abziehen, halbieren und fein würfeln, in 1 EL Butterschmalz glasig dünsten. Die Sardellen fein hacken. Den Backofen auf 200 Grad vorheizen. Das Brötchen ausdrücken, mit Fleisch, Zwiebeln samt Fett, Sardellen, etwa 1½ TL Salz, Pfeffer, Muskat, Mostrich und den Eiern einen sehr glatten Teig kneten. Einen länglichen Laib daraus formen. In einer Kasserolle das übrige Fett erhitzen, den Laib darin rundherum anbraten. Mit den Speckscheiben belegen, Deckel auflegen und in den Backofen schieben. Etwa 40 Minuten bei 200 Grad braten. Dann den Braten herausheben und warm stellen.

Die Sahne mit ½ Tasse Wasser mischen und nach und nach zum Fond

geben, etwas einkochen lassen und abschmecken. Nach Belieben mit ange-
rührter Speisestärke binden. Dazu gibt's natürlich Kartoffeln! Und die Reste
abends kalt zum Brot.

Hackfleisch

Hackfleisch gab's nicht zu kaufen. Fleischstückchen wurden zu Hause durch
den Wolf gedreht – und zwar mehrmals. Wer einen Fleischwolf hat, probiere
es einmal aus: Die Beschaffenheit wird feiner und zarter, als wir es heute
gewohnt sind. Eine pikante Note bekommt der Braten, wenn Sie ein paar
Schinkenreste oder mageren Speck mit durchdrehen.

Schweinebraten mit Kartoffelklössen und Sauerkraut

Schweinefleisch war damals teurer und geschätzter als Rind oder gar Hammel. Frisch gab es das nur nach dem Schlachten (und das passierte meist im Winter). Im übrigen Jahr wurde eingeweckter (!) Schweinebraten verarbeitet. Soll Ihr Schweinebraten so schmecken wie einst, besorgen Sie sich das Fleisch beim Bio-Metzger. Und keine Angst vor Fett: Es macht den Braten erst saftig.

Zutaten für 4 Personen:

1 kg Schweinekamm (mit Knochen)	2 Zwiebeln
Salz, Pfeffer	1 Bund Suppengrün
geriebene Muskatnuss	1 reife Tomate oder
1 Lorbeerblatt	1 EL Tomatenmark
je 2 Nelken und Wacholderbeeren	1–2 TL Mehl

Lassen Sie sich vom Schlachter den Knochen auslösen und klein gehackt mitgeben. Das Fleisch rundherum mit Salz, ein wenig Pfeffer und Muskat einreiben. Bis zum Braten – evtl. über Nacht – ziehen lassen. Den Backofen auf 180 Grad vorheizen. ¼ l Wasser zum Kochen bringen, in einen Bräter geben und die Gewürze zufügen. Das Fleisch mit den Knochen hineinlegen und im Backofen schmoren, ab und zu wenden.

   Inzwischen die Zwiebeln schälen und grob würfeln. Das Suppengrün und die Tomate waschen, putzen und ebenfalls klein schneiden. Ist das Wasser nach etwa 1 Stunde im Bräter verkocht, die Zwiebelwürfel und das Gemüse, evtl. Tomatenmark zufügen und mit Deckel weiterschmoren. Beginnt es zu dunkel zu werden, nach Bedarf je eine halbe Tasse heißes Wasser angießen und weiterschmoren.

Nach weiteren 1½ bis 2 Stunden das Fleisch herausheben, in Alufolie wickeln – blanke Seite nach innen – und im abgeschalteten Ofen warm halten. Den Bratenfond mit heißem Wasser auf etwa 400 ml auffüllen, loskochen, die Gewürze und Knochen entfernen und evtl. etwas Fett abschöpfen. Das stückige Gemüse herausheben. Den Fond abschmecken, evtl. mit dem angerührten Mehl 10 Minuten köcheln lassen, mit Salz und Pfeffer abschmecken. Das Gemüse mit dem aufgeschnittenen Braten anrichten, Soße dazu reichen.

Sauerkraut zum Braten

Weil der Braten schon so kräftig ist, wurde das Sauerkraut schlicht zubereitet. Kaufen Sie frisches Sauerkraut beim Metzger. Besonders mild ist es im Reformhaus.

ZUTATEN FÜR 4 PERSONEN:

750 g Sauerkraut   Salz, 1 Prise Zucker
2–3 EL abgeschöpftes Bratenfett

Das Sauerkraut mit der Gabel auflockern und in ½ Tasse Wasser zum Kochen bringen. In etwa 30 bis 40 Minuten weich kochen. Mit dem Fett, Salz und einer Prise Zucker abschmecken, zum Braten reichen.

Kartoffelklöße zum Braten

Die Klöße gelingen am besten mit mehligen Kartoffeln wie Adretta, Aula, Bintje, Datura, Irmgard, Likaria. Sie haben einen besonders hohen Stärkegehalt und binden deshalb gut ab. Fragen Sie am besten auf dem Wochenmarkt oder im Bioladen danach. Mit neuen oder fest kochenden Kartoffeln werden die Klöße wässrig und speckig.

ZUTATEN FÜR 4 PERSONEN:

750 g Pellkartoffeln vom Vortag	2 EL weiche Butter
(nicht ganz gar gekocht)	Salz
2 Eier	4–6 EL Mehl

Die noch sehr festen Kartoffeln pellen und auf einer Reibe (oder in der Küchenmaschine) locker reiben. Eier, Butter und 1 TL Salz zufügen und rasch zusammenrühren. Dann nach und nach so viel Mehl einarbeiten, wie die Masse aufnehmen kann. Den Teig nicht mehr als nötig bearbeiten – er wird sonst kleistrig. In einem großen Topf Wasser mit Salz zum Kochen bringen. Mit bemehlten Händen aus der Masse apfelgroße Klöße formen. In das sprudelnd kochende Wasser einlegen, mit geöffnetem Topfdeckel etwa 15 Minuten leicht kochen lassen. Mit dem Schaumlöffel herausheben und in einer Schüssel bis zum Essen warm halten.

GRIESSFLAMMERI MIT JOHANNISBEERSAFT

Dieser Flammeri schmeckt auch ganz ohne Ei – er ist dann etwas fester. Kremiger wird er mit 1 Eigelb und 1 Löffel Butter zusätzlich. Statt Johannisbeersaft passt auch eingewecktes Kompott von Pflaumen oder Kirschen dazu.

ZUTATEN FÜR 4 PERSONEN:

2 Eiweiß | Schale ½ unbehandelten Zitrone
4 EL Zucker | 1 Tasse (⅛ l) Grieß
4 Tassen (½ l) Milch | ½ l roter Johannisbeersaft
1 Prise Salz

Die Eiweiße steif schlagen, 1 EL Zucker einrieseln lassen und weiterschlagen. Die Milch mit dem übrigen Zucker, Salz und Zitronenschale zum Kochen bringen. Den Grieß einstreuen und unter Rühren in etwa 3–4 Minuten dick kochen. Den Eischnee unterheben. Eine Puddingform mit 1,2 l Inhalt mit kaltem Wasser ausschwenken, die Krem hineinfüllen, glatt streichen und über Nacht kalt stellen. Dann stürzen, mit Johannisbeersaft umgießen.

Formen für einen Flammeri

Als Form zum Stürzen eignen sich Metallformen, weil sie die Kälte gut leiten und der Pudding dadurch schnell abkühlt. Auch heute gibt es noch die traditionelle Fischform. Den Inhalt misst man, indem die Form mit Wasser gefüllt und dieses dann in einem Messbecher abgemessen wird.

Kartoffeln mit Stippe

Das märkische Nationalgericht ist ein sparsames Essen, zum Sattwerden. Doch mit guten Zutaten wird es zur Delikatesse. In der Sparversion gab's natürlich keine Butter, und statt Fleischbrühe kam Wasser an die Stippe!

Am besten schmecken neue Kartoffeln – sie wurden in der Schale gekocht, als Pellkartoffeln. Im Winter und Frühling, wenn die Winterkartoffeln schrumpelig wurden und auszukeimen begannen, wurden sie geschält und als Salzkartoffeln serviert.

ZUTATEN FÜR 4 PERSONEN:

1,2 kg Kartoffeln (mehlig kochende wie Bintje oder Aula)
Salz
150 g Magerspeck (durchwachsener Speck)
2 Zwiebeln
2 EL Butter
2 gestrichene EL Mehl

¼ l Fleischbrühe
¼ l Milch
⅛ l Sauerrahm (20 % Fett)
Pfeffer aus der Mühle
frisch geriebene Muskatnuss
ein Schuss Essig
3–4 EL Schnittlauchröllchen

Die Kartoffeln waschen, wenn sie alt sind, schälen, sonst in der Schale in wenig Wasser mit Salz garen.

Den Schinkenspeck und die geschälten Zwiebeln in kleine Würfel schneiden. Den Speck in der Butter glasig angehen lassen, die Zwiebeln zugeben und rösten, bis sie Farbe annehmen. Dann das Mehl darüber stäuben und goldgelb schwitzen. Den Topf vom Herd nehmen, mit dem Schneebesen nach und nach die kalte Brühe und die kalte Milch unterschlagen. Etwas Pfeffer und Muskatnuss zufügen. Dann bei kleiner Hitze die Soße eine Viertelstunde leise kochen lassen, dabei ab und zu umrühren. Zum Schluss den Sauerrahm unterziehen, weitere 5 Minuten köcheln und mit Salz und Essig abschmecken. Die Kartoffeln, wenn nötig, pellen und in der Stippe anrichten. Mit Schnittlauchröllchen bestreuen – wenn es sie gerade gibt.

2

Die merkwürdige Taube

Der einzige Lichtblick in dieser eierlosen Zeit war das Huhn Mathilde die Wilde, so genannt nach einer Figur aus Auerbachs Kinderkalender, einem frechen, vorlauten Kind, mit dem, wie wir fanden, Mathilde eine gewisse Ähnlichkeit hatte. Zudem war sie ein wirklich außerordentliches Huhn, dem die Widrigkeit der Jahreszeiten fremd zu sein schien. So etwas wie Mauser kannte sie jedenfalls nicht, und die Misslichkeit, wie ihre Artgenossinnen halb nackt herumzulaufen, blieb ihr erspart. Sie verlor ihr schmuckes Federkleid nie und legte das ganze Jahr durch Eier. Allerdings dachte sie nicht daran, das dafür bestimmte Nest zu benutzen. Sie zog es vor, ihre eigenen wilden Wege zu gehen. Und die führten sie sonst wohin, egal, ob das frisch gelegte Ei bei 15 Grad unter Null einfror oder nicht.

Vater regte sich darüber am meisten auf, denn es ging um *sein* Frühstücksei, ein Privileg, das er sich einfach zugestand und auf das er pochte. Er ließ sich weder von gierigen noch vorwurfsvollen Blicken in seinem Genuss stören und gab uns nur gelegentlich einen winzigen Klecks Eigelb ab, das er mit seinem Eierlöffel auf unsere Brote strich. Für diese wirklich außerordentliche Großzügigkeit war es unsere Pflicht, Mathilde ständig im Auge zu behalten; der Ruf «Mathilde ist jetzt in der Scheune!» ließ uns sofort dorthin eilen, und die Suche nach dem Ei begann. Manchmal erwies es sich dabei als notwendig, einen schmalen Balken entlang zu balancieren, was mein Bruder mutig tat.

«Junge, sei vorsichtig!», rief Mutter, und Vater: «Pass auf, dass das Ei nicht kaputtgeht!»

Mathildes Eier waren an den unmöglichsten Stellen zu finden: in der Häckselmaschine, im geschlossenen Coupé, genannt der Affenkasten, in einer Krippe im Pferdestall. Eines Tages kam mein Onkel vom Nachbarort herüber, und wir gingen mit ihm über den Hof, als er seine kurzsichtigen Augen auf den Taubenschlag richtete. «Was ist denn das für 'ne Rasse? So 'ne merkwürdige Taube hab ich ja überhaupt noch nicht gesehen!»

«Glaub ich dir aufs Wort», sagte Vater. Denn was sich da zwischen die gurrenden Tauben gesellt hatte, war Mathilde, und als sie uns sah, gackerte sie impertinent.

Irgendwann kam sie dann von einem ihrer Ausflüge nicht mehr zurück. Niemand wusste, was mit ihr passiert war. Hatte sie der Fuchs geholt, oder war sie in den Kochtopf fahrenden Volkes geraten, das mit Beginn des Frühjahrs wieder durch die Lande zog? Im Gegensatz zu anderen Hühnern blieb sie uns in Erinnerung, und im Winter blickte Vater noch lange wehmütig auf seinen eierbecherlosen Teller.

Allmählich machte der Frühling sichtbare Fortschritte. Die Maulwürfe tummelten sich unter dem noch nicht wieder gewachsenen Rasen, Blesshühner und Enten zankten sich auf dem See um die besten Nistplätze, die Kiebitze zeigten ihre Flugkünste, und auf den vorher überschwemmten Wiesen standen nur noch einige Pfützen. Winzige Lebewesen durchpflügten das Wasser in den Regentonnen, der Kahn wurde neu geteert, die Reusen wurden instand gesetzt, und Vater sagte: «Der Frost ist raus, jetzt können wir mit Pflanzen anfangen.»

Auch das Geflügel begann sich auf seine Pflichten zu besinnen,
wenn auch zunächst noch recht zaghaft. Und dann endlich gab es
wieder die lange vermissten Köstlichkeiten: jede Art von Omeletts,
salzig oder süß, Baisers mit Schlagsahne, Eierkuchen mit Apfelmus,
Biskuitrolle, und wenn Mamsell guter Laune war, erlaubte sie uns
Kindern Hoppelpoppel, ein mit Zucker kremig geschlagenes Ei. En-
ten- und Gänseeier durften nur gekocht verwendet werden. Man hielt
sie roh für gefährlich, und zum Beweis dieses Glaubens erzählte Mamsell uns gern die Geschichte von einem Jungen namens Franz, der ein
Entenei getrunken hatte. Er wurde ohnmächtig, und ein paar Tage
später fielen ihm sämtliche Haare aus, die nie wieder nachwuchsen.
Worauf mein Bruder mich nachdenklich ansah und meinte, er würde
mich auch gern mal mit Glatze sehen.

Zu unserer Verwunderung waren viele der gelegten Eier sehr klein,
manche nur noch taubeneigroß, was Mutter Rätsel aufgab, Vater weniger. Er betrachtete sich lange den überaus aktiven Zwerghahn, ein
Witwer, dessen Hühnerschar abhanden gekommen war und der nun
fleißig die Rodeländer Hennen bekurte, was sie sich gern gefallen
ließen. Ihr eigentlicher Herr, ein farbenprächtiger, stattlicher Italiener,
schien resigniert zu haben. Er kam seinen Pflichten nur noch selten
nach und zog es nun vor, nach Regenwürmern und Käfern Ausschau
zu halten.

«So geht das ja nun wirklich nicht», meinte Vater, und am Sonntag
darauf gab es Hühnerfrikassee mit Reisrand, allerdings mehr Reisrand
als Huhn. «Honni soit qui mal y pense», sagte Vater und fischte sich
das größte Stück heraus.

Der Frühling zeigte sich nun von der freundlichsten Seite. Alles
schien auf einmal aus dem Winterschlaf aufgewacht zu sein und blühte

in allen Farben, Weidenkätzchen und Forsythien, Haselnuss, Veilchen, Anemonen, Narzissen und Tulpen. Die Stare kreisten einer schwarzen Wolke gleich über dem See und fielen in die große Pappel vor unserem Haus ein, wo sie uns morgens mit lautem Geklapper weckten.

Im ganzen Haus zog es wie Hechtsuppe, denn nun war der Hausputz dran. Überall roch es nach Spiritus, Bohnerwachs und Kernseife. Die Tüllgardinen wurden abgenommen und gewaschen, Teppiche und Polstermöbel geklopft und sämtliche Silbersachen mit einem Korken und Pariser Rot geputzt. Ein nur selten benutztes, weil sehr kostbares Porzellan wurde aus dem Esszimmer geholt und vorsichtig abgewaschen. Danach stellte Mutter alles eigenhändig wieder zurück und legte sorgfältig von uns Kindern als Weihnachtsgeschenk angefertigte, umsäumte Flanelldeckchen zwischen die Teller. Sie sollten das unersetzliche Porzellan gegen Erschütterungen durch vorbeifahrende Heuwagen schützen. Dabei kämpften die sich nur mühsam mit mahlenden Rädern durch den tiefen märkischen Sand, so dass sie selbst die kostbaren Gläser im Glasschrank nicht zum Klirren brachten. Die durften wir Kinder nie in die Hand nehmen, denn sie stammten von Kaisern und Königen und sonstigen bedeutenden Menschen und hatten unsere Familie durch Jahrhunderte begleitet. Gute fünfzehn Jahre später war ihr Ende dann weniger glanzvoll: Die Russen warfen sie nach jedem Trunk fröhlich hinter sich.

Auch unser Kinderzimmer blieb von der allgemeinen Reinigungswut nicht verschont. Wir wuschen Puppenkleider, schnitten dem flauschigen Teddybären die Haare im Gesicht kurz und säuberten das Aquarium, ein nicht leicht zu handhabendes Unternehmen, denn der Schlauch, mit dem man das Becken leerte, musste erst angesaugt werden, ehe das Wasser abfließen konnte. Wie immer gab es viel

Gespucke und eine halbe Überschwemmung, während die in ein großes Weckglas evakuierten Fische uns glotzäugig zusahen. Dann reinig-
ten meine Schwester und ich liebevoll unsere Nippesfiguren, all die
wundervollen Scheußlichkeiten: mit Muscheln beklebte Schachteln,
Zwerge aus Gips, Männchen machende Zelluloidhündchen, neckische
Tänzerinnen und sich aufbäumende Pferde.

Wir waren nun wieder den halben Tag draußen, kletterten in der
Lake auf die Bäume und kuckten in die Krähennester, ob schon Eier
drin waren, spielten Versteck im Dunkeln oder «Wer fürchtet sich
vorm schwarzen Mann» und warfen unermüdlich den Ball gegen das
Scheunentor, um ihn nach genau vorgeschriebenen Regeln, mal mit
der flachen Hand, mal mit gefalteten Händen, laut zählend zurück-
zuschlagen. War der Ball, bevor man die vorgeschriebene Zahl erreicht
hatte, auf den Boden gefallen, musste man wieder von vorn beginnen.
Wir taten es mit großem Ernst, wieder und immer wieder, bis wir fast
in Trance verfielen. Danach liefen wir in den Schweinestall und aßen
Kartoffeln aus dem Dämpfer, so dass wir zum Abendbrot nicht mehr
den rechten Appetit mitbrachten, lustlos an einem Brot mit der von
uns nicht sehr geliebten Blutwurst herumkauten und, wenn Vater
nicht hinsah, die verbrannten Brotkanten verstohlen unter das Messer
schoben.

Und dann, nach all dem Hin und Her mit den aufgerollten Teppichen, über die Vater unweigerlich stolperte, Mutters ständigen Er-
mahnungen, mal wieder frisches Wasser zum Wischen zu nehmen –
«Mit einem Eimer Wasser wischt sie das ganze Haus, und was davon
noch übrig bleibt, da kocht sie Kaffee draus», murmelten wir mit
einem scheuen Seitenblick, um nicht zu riskieren, einen nassen Scheu-
erlappen um die Ohren zu bekommen –, nach interessanten Polkereien

mit dem Taschenmesser in den breiten Dielenritzen, deren Ergebnisse, meist Liebesperlen oder Stecknadeln, sich dann aber doch als ziemlich wertlos erwiesen, verkündete Mamsell: «Nun ist die Küche dran!» Vaters Reaktion kam prompt, er müsse nach Berlin, er habe dort dringend zu tun. «Ich komme mit», sagte Mutter, was Vater nach einigem Zögern bewilligte. Mamsell war es nur recht, und wir Kinder wussten: In dieser Woche war mit vernünftigem Essen nicht zu rechnen, nur mit Zusammengekochtem und Suppen.

Die Eltern fuhren ab, und Mamsell stellte die Küche auf den Kopf. Die Stimmung im Haus war kriegerisch. Mein Bruder verzog sich mit dem Kahn auf den kleinen See, und ich lief zum Witzker See, an dessen Ufer damals noch ein Bootshaus stand, in dem unser Paddelboot untergebracht war. Ich setzte mich auf die Erde und lehnte den Rücken an die Wand des Bootshäuschens. Den Geruch von Schilf, Teer und Modder in der Nase, das Geschnatter der Wildenten, den Gesang der Lerchen und das Summen von Hummeln und Bienen, die durch die blühenden Weiden und Haselnusssträucher schwirrten, im Ohr und einen von Mamsells gekochten Sahnebonbons auf der Zunge, gab ich mich meinen Tagträumen hin, in denen mich alle Menschen zauberhaft fanden, ich schneller laufen konnte als jedes andere Kind und jedermann, beeindruckt von meiner Schönheit, sich nach mir umdrehte. Plötzlich stieß mir etwas Kaltes, Feuchtes ins Gesicht, und ich versuchte mich mit einem Aufschrei aufzurappeln, was aber Möpschen mit seinen nassen Liebesbezeugungen verhinderte, so froh war er, mich gefunden zu haben. Gemeinsam mit ihm trottete ich nach Hause, ziemlich lustlos, denn das Mittagessen, das uns erwartete, konnte ich mir schon denken. Mit großer Wahrscheinlichkeit war es «Rennfahrers Ende», wie mein Bruder das Lungenhaschee nannte. Aber wie immer im Leben kam alles anders. Mamsell spendierte uns Königsberger Klopse mit Kapern und hinterher Schokoladenkrem, die es sonst nur für Gäste gab und die in farbige Kelchgläser – «Die müssen noch von den Urgroßeltern stammen!» – gefüllt wurde.

«Alles mein Verdienst», erklärte meine Schwester, und so war es denn wohl auch. Sie hatte fleißig mitgeholfen, hatte Töpfe geschrubbt, Bestecke sortiert, die Messingstange am Herd auf Hochglanz gebracht und stapelweise Zeitungen für Toilettenpapier zurechtgeschnitten. Dabei hatte sie allerdings auch die erwischt, aus der Vater unbedingt etwas ausschneiden wollte. Er fand den wichtigen Artikel nur noch zerstückelt vor, aber er nahm es gelassen und meinte: «Guter Lesestoff ist an jedem Ort willkommen.»

KRÄUTEROMELETT

In ein Omelett kamen Eier pur mit etwas Milch. Das Geheimnis des Gelingens lag an der Pfanne: Sie war aus Eisen oder Stahl und wurde nur für Eierspeisen verwendet. Nie wurde sie abgespült – lediglich nach Gebrauch nochmals erhitzt und mit Papier oder Salz ausgerieben. Heute nehmen Sie am besten eine schwere, aber beschichtete Pfanne.

ZUTATEN FÜR 4 PERSONEN:

Eine Handvoll gemischte Frühlingskräuter: 8 Eier
  Kerbel, Petersilie, Spinat, Schnittlauch,   2–3 EL Milch
  Estragon   Salz, weißer Pfeffer
1–2 EL Butterschmalz

Die Kräuter waschen, trocken schütteln und die Stiele abzupfen. Die Blättchen mit einem Wiegemesser sehr fein hacken. In einer Pfanne einen halben Esslöffel Butterschmalz zerlassen und die Kräuter darin 2–3 Minuten dünsten, dann vom Herd ziehen.

Die Eier trennen. Eigelbe in einer Schüssel mit Milch, etwas Salz, Pfeffer und den Kräutern mischen. Die Eiweiße zu steifem Schnee schlagen und mit einem Schneebesen unter die Kräutereigelbe ziehen. Einen halben Esslöffel Butterschmalz in einer beschichteten Pfanne heiß, aber nicht braun werden lassen und die Eiermischung hineingießen. Nun mit einer Gabel in der Eimasse herumfahren, so dass sie flockig wird. Wenn das Omelett beginnt zusammenzuhalten, ohne Rühren weiterbacken, bis die Unterseite eine bräunliche Kruste bekommt – die Oberseite sollte noch feucht sein.

Das Omelett von beiden Seiten zur Mitte hin einschlagen und auf eine gewärmte Platte stürzen. Dazu gibt es Salzkartoffeln oder Toast.

Varianten

- Für ein SCHINKENOMELETT Kräuter durch 2–3 EL Schinkenwürfel ersetzen.
- Für ein SPECKOMELETT durchwachsenen Speck in kleine, dünne Scheiben schneiden und in der Pfanne in 1 TL Butter von beiden Seiten braun braten. Dann die wenig gewürzte Eimasse darüber gießen, beim Backen immer wieder einstechen, auf einen gewärmten Teller gleiten lassen.
- Für ein SÜSSES OMELETT die Oberfläche des gebackenen Omeletts mit Johannisbeergelee bestreichen.

Eierkuchen mit Apfelmus

Eierkuchen werden knuspriger, wenn man die Milch halb mit Wasser mischt und lauwarm zum Mehl gibt. Sie können die Eier auch trennen und Eischnee unter den Teig heben – dann wird der Eierkuchen dicker und luftiger.

Zutaten für 4 Personen:

⅛ l Milch	etwas Salz
⅛ l heißes Wasser	Butterschmalz zum Braten
100 g Mehl	Zucker und Zimt zum Bestreuen
4 Eier	1 Glas Apfelmus

Die Milch mit dem Wasser mischen, so dass sie lauwarm ist. Dann mit dem Schneebesen nach und nach unter das Mehl schlagen, so dass ein glatter Teig entsteht. Die zimmerwarmen Eier zugeben und das Salz nicht vergessen. In einer beschichteten Pfanne 1 TL Schmalz zerlassen, eine Kelle Teig hineingeben und durch Schwenken verteilen. Einen flachen Deckel auflegen und den Eierkuchen etwa 2 Minuten goldgelb braten. Auf den Deckel gleiten lassen, wenden und von der anderen Seite fertig braten (erfahrene Mamsells schafften das Wenden mit einem kräftigen Ruck der Pfanne). Nacheinander den ganzen Teig zu Eierkuchen backen und die Eierkuchen auf einem Teller aufeinander türmen – dabei jeden mit Zucker und Zimt bestreuen. Mit Apfelmus zu Tisch geben.

Tipp: Man kann die Eierkuchen auch mit Johannisbeergelee bestreichen.

Biskuitrolle

Zutaten für 1 Rolle:

60 g Butter   80 g Mehl
5 Eier   1 Glas Johannisbeergelee
100 g Zucker   Backpapier
1 TL Zitronenzucker   Hagelzucker zum Bestreuen
1 Prise Salz

Die Butter schmelzen. Den Backofen auf 180 Grad vorheizen, das Back-blech mit Backpapier auslegen. Die Eier trennen. Die Eigelbe mit dem Zucker und Zitronenzucker kremig schlagen. Dann die Eiweiße mit dem Salz zu festem Schnee schlagen, unterziehen. Dann das Mehl unterheben, zum Schluss die noch flüssige Butter. Die Masse $1/2$ cm dick aufs Blech streichen und in den heißen Ofen schieben, etwa 12–15 Minuten backen. Inzwischen das Gelee glatt rühren. Die Kuchenplatte auf die Arbeitsfläche stürzen, das Backpapier abziehen und die Fläche dick mit Gelee bestreichen. Von der Längsseite her eng aufrollen. In Frischhaltefolie packen und aus-kühlen lassen. Dann das Gelee erwärmen, die Rolle rundherum damit bestreichen und mit Hagelzucker bestreuen.

Tipp: Zitronenzucker wird so gemacht: 1 Stück Würfelzucker (das war ursprünglich ein Stück vom Zuckerhut) an einer gewaschenen Zitrone so lange reiben, bis sich der Zucker leicht gelb verfärbt. Dann mit dem Messer abkratzen und verwenden bzw. in einem Schraubglas aufheben. Zitronen gab es damals nicht alle Tage!

HÜHNERFRIKASSEE MIT REISRAND

Im Frikassee landeten ältere Hühner oder auch Hähne. In seiner Luxusversion kamen noch ein Kalbsbries und eine Kalbszunge dazu. Im Sommer außerdem mindestens 12 Krebse – davon gab es ja genug. An Gemüse wurde je nach Saison gegarter Spargel, Blumenkohl, Pilze und Erbsen zugegeben. Ins folgende Frikassee kommen frische Champignons, Morcheln und Kräuter.

ZUTATEN FÜR 4 PERSONEN:

30 g getrocknete Morcheln	2–3 EL Butter
1 Suppenhuhn (mindestens 1,5 kg)	3 EL Mehl
1 Bund Suppengrün	1 Schuss Weißwein
2 Zwiebeln	1 EL Zitronensaft
Salz, 4 Pfefferkörner	2 Eigelb
1 Lorbeerblatt	1 Bund Petersilie
300 g kleine Champignons	Worcestersoße
250 g Langkornreis	

Die Morcheln mit heißem Wasser gut bedecken und quellen lassen. Das Suppenhuhn waschen, in einen möglichst genau passenden Topf geben. Das Suppengemüse waschen und grob zerkleinern, die Zwiebeln schälen. Suppengemüse und 1 Zwiebel mit 2 TL Salz, Lorbeer und Pfeffer ebenfalls in den Topf geben, mit etwa 1,5 l Wasser aufgießen und zum Kochen bringen. Etwa 2 Stunden bei geöffnetem Deckel leicht kochen lassen, dabei das Huhn jede halbe Stunde wenden. Wenn nötig, zwischendurch abschäumen.

Die Champignons säubern, evtl. kurz abbrausen (nicht ins Wasser legen, sie werden sonst schwammig). Die Stielenden abschneiden, die Pilze in Scheiben schneiden, in einem Stich Butter mit etwas Zitronensaft, Salz und Pfeffer 10 Minuten dünsten, beiseite stellen.

Ist das Huhn weich, die Bouillon durch ein Sieb gießen. Das Huhn abkühlen lassen, zerlegen, die Haut abziehen, das Fleisch in kleine Würfel schneiden. Die Bouillon entfetten, ¾ l für die Soße beiseite stellen.

Die restliche Brühe wenn nötig mit Wasser auf ½ l auffüllen. Den Reis mit der zweiten Zwiebel im Topf erhitzen, mit dem Mix angießen und bei kleiner Hitze und geschlossenem Deckel etwa 30 Minuten quellen lassen.

Inzwischen 2 EL Butter zerlassen, 3 EL Mehl darin hellgelb anschwitzen. Topf vom Herd nehmen und unter ständigem Rühren die Bouillon zufügen. Dann wieder zum Kochen bringen und 15 Minuten kochen lassen. Die Morchelbrühe durch ein Sieb zugießen. Die Morcheln waschen, Stiele nachschneiden.

Die Eigelbe mit Weißwein und Zitronensaft verquirlen. Den Topf vom Herd ziehen, unter ständigem Rühren die Eigelbe zugießen und wieder erhitzen, aber nicht mehr kochen. Champignons, Morcheln und Fleisch zugeben und heiß werden lassen. Die Petersilie waschen, trocken schütteln, die Blättchen abzupfen und hacken. Frikassee mit Petersilie und Worcestersoße abschmecken.

Den Reis (ohne Zwiebel) in eine mit Wasser ausgeschwenkte Ringform drücken, auf eine Platte stürzen, das Frikassee im Ring anrichten.

Tipp: Das Frikassee kann zusätzlich mit einem Stich Sardellenbutter abgeschmeckt werden.

Mamsells Sahnebonbons

Um diese Bonbons richtig zu kochen, braucht man entweder Erfahrung oder ein Zuckerthermometer (am besten beides). Der Grund: Zuckersirup konzentriert sich mit zunehmender Verdunstung und erreicht mit höheren Temperaturen einen höheren Härtegrad. Für diese Bonbons sollte der Sirup 125 Grad erreichen – dann ist das Ergebnis bissfest. Man nennt das: zur Kugel kochen. Lässt man ihn 155 Grad erreichen, gibt's harte Bonbons, die schnell geteilt werden müssen, bevor sie abkühlen. Ab 170 Grad beginnt der Zucker zu karamellisieren und kann dann schnell verbrennen. Karamellbonbons wurden früher – wenn vorhanden – auf Marmorplatten zubereitet, dort kühlten sie am besten ab.

Für etwa 600 Gramm Sahnebonbons:

250 g Zucker	80 g Traubenzucker
250 g süße Sahne	neutrales Öl für die Form
1 Vanillestange	Alufolie

1 kleine rechteckige Reine (24 x 32 cm) oder 2 große Kastenformen mit Alufolie – blanke Seite nach oben – auskleiden und einölen. Alle Zutaten – die Vanilleschote der Länge nach aufgeschnitten – in einem Topf verrühren. Bei kleiner Hitze zum Kochen bringen und etwa 30 Minuten unter Rühren kochen, bis die Temperatur 125 Grad erreicht hat (Vorsicht, die Masse blubbert und kann spritzen). Lassen Sie zur Probe einen Tropfen Sirup in kaltes Wasser fallen – er muss sich dann zwischen Ihren Fingern zu einer kleinen Kugel drehen lassen. Die Vanillestange herausfischen. Den Sirup

1,5–2 cm hoch in die vorbereitete Form gießen und mindestens 3 Stunden erkalten lassen. Dann die Platte stürzen, die Folie abziehen und mit einem nassen Messer die Sahnemasse in Karos schneiden. Am besten jedes Bonbon in Klarsichtfolie einwickeln – dann kleben sie nicht und ziehen kein Wasser. In einer Blechdose aufbewahren.

Tipp: Unter den Sirup kann man auch 2 EL gehackte, geröstete Nüsse ziehen – oder 1 EL Kakaopulver. Dann sind es Schokoladenbonbons.

KÖNIGSBERGER KLOPSE

Für den Geschmack entscheidend ist das Kalbfleisch. Notfalls können Sie auch eine Mischung aus halb Mett, halb Rinderhack nehmen. Lassen Sie das Fleisch beim Schlachter zweimal durchdrehen – oder Sie geben es zu Hause selbst nochmals durch den Fleischwolf, damit es schön fein wird.

ZUTATEN FÜR 4 PERSONEN:

1 altbackenes Brötchen	geriebene Muskatnuss
1 Zwiebel	2 EL Mehl
3 EL Butter	3/4 l Fleischbrühe (Instant)
2–3 Sardellenfilets	1 Lorbeerblatt
500 g Kalbshackfleisch	1 Nelke, 2 Pimentkörner
1 Ei	0,1 l süße Sahne
Salz, Pfeffer	2–3 EL Kapern
1 unbehandelte Zitrone	

Das Brötchen in Wasser einweichen. Die Zwiebel schälen und in feine Würfel schneiden, in 1 EL Butter hellgelb dünsten, abkühlen lassen. Die Sardellen abwaschen, trocken tupfen und sehr fein hacken. Das Brot gründlich ausdrücken, mit Fleisch, Zwiebelwürfeln, Sardellen, 1 Ei, Salz, Pfeffer und Muskatnuss sehr gründlich zu einer glatten Masse verkneten. Mit einer kleinen Raspel die Zitronenschale abreiben und unterziehen. Kleine Klopse formen (Tischtennisballgröße).

Die übrige Butter mit dem Mehl anschwitzen, vom Herd nehmen und die Fleischbrühe zugeben, unter Rühren aufkochen lassen, Lorbeer, Nelke und Piment zufügen und 5 Minuten kochen lassen. Die Sahne und 3–4 EL Zitronensaft zufügen und die Klopse einlegen. Bei geschlossenem Deckel etwa 12 Minuten gar simmern lassen, dabei ab und zu den Topf ruckeln, damit die Klopse nicht ansetzen. Lorbeer, Nelke und Piment herausangeln. Kapern hinzufügen und die Soße mit Zitronensaft, Pfeffer und Salz abschmecken. Dazu gibt's natürlich Kartoffeln – und Rote-Bete-Salat.

Tipp: Statt mit Sahne können Sie die Soße auch mit Eigelb legieren. Doch dann müssen die Klopse extra in der Brühe vorgaren, in der Zwischenzeit ruhen und die Soße zunächst ohne Klöße zubereitet werden.

SCHOKOLADENKREM

Hier ist die Gäste-Version der Krem mit viel Ei. Sie wird nicht so fest, sondern eher schaumig mit hellen Stippchen.

ZUTATEN FÜR 4 PERSONEN:

80 g Vollmilch-Schokolade (4 Riegel)	1 gehäufter TL Mehl
¼ l Milch	50 g Zucker
1 EL Kakaopulver	4 Eier

Die Schokolade in Stückchen brechen, in der Milch erhitzen, bis sie sich gelöst hat. Das Kakaopulver und das Mehl mit etwas Wasser anrühren und unter ständigem Rühren in die Schokoladenmilch geben, 2 Minuten aufkochen lassen, dann durch ein Sieb passieren. Die Eier trennen. Die Eiweiße mit der Hälfte Zucker sehr steif schlagen. Die Eigelbe mit dem übrigen Zucker kremig rühren, nach und nach die Schokomilch unterrühren. Diese Mischung nochmals auf dem Herd unter ständigem Rühren mit Schneebesen oder Handrührgerät erhitzen, aber nur 1 Mal aufwallen lassen. Dann sofort unter den Eischnee schlagen. In eine Schale abfüllen und kalt stellen. Vor dem Servieren nochmals durchrühren, mit Schlagsahne garnieren.

Tipp: Wenn Sie die Krem stürzen wollen, geben Sie 3 eingeweichte Blatt Gelatine mit dem Eigelb zur Krem – die Gelatine darf so wie die Eier nicht mehr richtig kochen.

3

Gerubbelt von rechts, gerubbelt von links

«Du siehst geschäftig bei den Linnen / die Alte dort im weißen Haar, / die rüstigste der Wäscherinnen / im sechsundsiebenzigsten Jahr!», zitierte Vater beim Frühstück. Wir sahen sie, wenn es auch drei waren und keine alt und weißhaarig, und das drei Tage lang. Denn so viel Zeit brauchte man, um mit dem Wäscheberg, der sich in einem Monat angesammelt hatte, fertig zu werden. Vater wollte das nie so recht glauben und sah daher nicht ein, dass man für «das bisschen Wäsche» drei Frauen benötigte. Er musste sich erst in der Waschküche selbst davon überzeugen, wobei er, während er den stattlichen Wäscheberg musterte, jedes Mal wieder darauf zurückkam, dass wir in den ersten Jahren sogar noch einen Diener und ein Kindermädchen gehabt hatten.

«Schön war die Zeit», sagte Mutter, die sich allerdings noch im Nachhinein wunderte, wie das in dem kleinen Forsthaus mit der Unterbringung von so vielen Menschen geklappt hatte.

Vater stocherte in der Wäsche herum und zog mit seinem Stock ein spitzenbesetztes hellblaues Nachthemd hervor. «Donnerwetter! Wem gehört denn diese Nachtfracke?», fragte er interessiert.

«So was Teures? Mir wohl kaum», sagte Mutter spitz. «Sie wird von einem unserer Gäste stammen.»

«Donnerwetter!», sagte Vater noch einmal, ließ es aber dabei bewenden. Dafür meinte er, er habe den Eindruck, mit Handtüchern werde in diesem Haus ziemlich geaast.

«Ich glaube», sagte Mutter, «das trifft mehr auf deine Oberhemden zu.» Dagegen verwahrte Vater sich aufs Entschiedenste. «Du kritisierst doch immer, wie unsoigniert ich herumlaufe. Soll ich, wenn ich einen Baum ausschneide, vielleicht jedes Mal mein Hemd ausziehen?»

«Nun sieh dir diese dunkle Waschküche an», lenkte Mutter ab. «Sie ist viel zu klein, die Frauen können sich ja kaum drin drehen.»

«Sag ich ja», sagte Vater, «warum drei Frauen?»

Dabei war die Waschküche, die sich neben dem Schweinestall befand, selbst für eine einzelne Frau fast zu winzig. Trotzdem war sie der reine Luxus. Häufig wurde noch im Dorf der Waschzuber auf den Hof gestellt, und man wusch im Freien, was im Winter seine Schwierigkeiten hatte.

Die monatliche große Wäsche war für alle eine umständliche und zeitaufwendige Angelegenheit. Deshalb wurde mit frischer Wäsche sparsam umgegangen, auch bei uns. Einmal in der Woche gab es saubere Leibwäsche, und einmal im Monat war die Bettwäsche dran. Nur Handtücher und Tischdecken wechselte man öfter und natürlich die Strümpfe, die zwischendurch in der Küche gewaschen wurden. Wir waren gehalten, uns beim Spielen in Acht zu nehmen und nicht wie die Ferkel nach Hause zu kommen. Schürzen, die das Gröbste verhindern konnten, fand Mutter jedoch spießig, und auch die weißen Zierschürzen für den Sonntag waren bei uns verpönt.

Im Übrigen ging man nicht nur mit der Wäsche sparsam um, sondern auch mit anderer Kleidung. Nur selten wurde etwas wirklich ausrangiert. Jedes Kleidungsstück wurde immer wieder geflickt, gestopft, Säume wurden ausgelassen oder gekürzt, Manschetten und

Kragen gewendet, und was nicht mehr passte, wurde weiter gemacht, wofür vorgesorgt war. «In der Naht ist noch genug drin», hieß es dann, und aus war der Traum vom neuen Kleid.

Auch neue Schuhe bekamen wir nur, wenn wir herausgewachsen waren und es keine abgelegten gab. Wir mussten unsere Füße auf ein Stück Papier stellen, und Mutter zeichnete die Umrisse auf, damit sie bei ihrer nächsten Fahrt nach Berlin die passenden aussuchen konnte, natürlich von Salamander. Uns nach Berlin mitzunehmen hätte das Unternehmen zu teuer gemacht, das Vater sowieso nicht gern sah. «Immer bist du weg, und müssen es schon wieder neue Schuhe sein? Diese sind doch noch tadellos!»

Wenn wir draußen herumliefen, trugen wir mit Tran wasserdicht gemachte Schmierstiefel, mit denen man durch jede Pfütze patschen konnte und die überhaupt nicht kaputt zu kriegen waren. Nur die Schnürsenkel mussten alle paar Monate ausgewechselt werden.

Im Alltag wurden wir nicht gerade herausgeputzt. Das sparte man sich für festliche Gelegenheiten auf, bei denen wir dann der Verwandtschaft in Samtkleidern mit breiten Schärpen und großen Kragen oder Gesmoktem präsentiert wurden. Auch nur dann trugen meine Schwester und ich das Haar offen, was beim Toben durch den Wald auch höchst unpraktisch gewesen wäre. Im Übrigen folgten meine Eltern der allgemeinen Marine-Mode: Gestreifte Matrosenblusen und blaue Faltenröcke für die Mädchen und für die Jungen bis zu den Knien reichende blaue Hosen der Marke Bleyle waren für Kinder so etwas wie eine Uniform. Unsere Mäntel, ebenfalls dunkelblau, waren praktischerweise sowohl rechts wie links zu knöpfen, so dass sie gleichermaßen an Jungen wie Mädchen weitergegeben werden konnten. Überhaupt wurde in unserer Familie munter hin und her geerbt. Gelegentlich gab es da bei den Müttern ein gerührtes Wiedersehen. «Ist das nicht Viktors Jacke, die dein Sohn da anhat? Ja natürlich, sie ist es. Mein Gott, wie lange ist das her! Viktor studiert ja schon. Und danach hat sie doch erst noch Jochen getragen und dann Ludwig. Und nun ist sie hier gelandet. Wie die Zeit vergeht! Und immer noch wie neu!»

Am Abend vor dem ersten Wäschetag wurde die Wäsche mit Henko eingeweicht und Holz und Wasser für den nächsten Morgen herangeschleppt. Die Waschprozedur dauerte drei Tage. Erst war die Kochwäsche an der Reihe, dann das Bunte, und den Abschluss bildeten Küchentücher und Putzlappen. Zwei Frauen aus dem Dorf rückten an, und zur Verstärkung kam Agnes Heidepriem über den See gerudert.

Agnes war das Mädchen für alles und gehörte zu meiner Kindheit wie die Spatzen im Efeu und die Stare in der Pappel. Sie war eine stattliche, kräftige Person und immer freundlich, allerdings auch eine «Wundertüte», wie die Mädchen sie nannten, weil sie voller Staunen alles glaubte, was wir Kinder ihr wichtigtuerisch erzählten – «Nee, nee, wat es nich allens givt!» In meiner Erinnerung war sie immer gleich angezogen mit einem dunklen, bis zum Knöchel reichenden Kleid, darüber eine Warpschürze und im Sommer auf dem Kopf eine Art Schutenhut, der sie gegen die Sonne schützte. Für Vater war sie unentbehrlich, denn im Wald und mit seiner Pflege – Beschneiden, Pflanzen, Durchforsten und Hacken – kannte sie sich besser aus als mancher Förster. Aber sie war auch ebenso im Garten kundig, half im Haushalt, wenn es Not tat, und im Winter den Bauern beim Schilfschneiden. Und natürlich vom Frühjahr an, wenn der See nicht mehr zugefroren war, bei der großen Wäsche.

Im Winter wurde das Wasser von der Pumpe im Hof geholt, wobei einem ohne Handschuh die Hand am Pumpschwengel festfror und die Pumpe immer wieder mit warmem Wasser angegossen werden musste. Sobald die Witterung es erlaubte, die letzten Eisschollen auf dem Witzker See geschmolzen und die Wiesen nicht mehr überschwemmt waren, holte ein zur Wassertonne umfunktionierter Jauchewagen das Wasser aus dem See. Ende März war das manchmal schon möglich, und auch für Agnes Heidepriem und ihren Kahn war der Weg wieder frei.

Jedes Wäschestück wurde gut und gern zwanzigmal in die Hand genommen, bis es schließlich ganz ermattet auf der Leine hing: vorsortiert, im Einweichwasser geschwenkt, gewrungen, zum Kochen in den Waschkessel befördert, mit Holzstangen in den Waschzuber gehoben, gerubbelt von rechts, gerubbelt von links, gewrungen, gespült, gewrungen, wieder gespült und gewrungen, bis das Spülwasser klar blieb. Es war eine nasse Angelegenheit, bei der die Schürzen der Frauen trieften und ihnen die Haare klatschnass vom Dampf ins Gesicht hingen. Waschen war Schwerstarbeit, jeder Kutscher hatte es leichter. Zwar gab es eine kleine Wringmaschine, aber sie musste umständlich zu zweit bedient werden, und so benutzten die Frauen weiterhin lieber ihre Hände.

Im Winter ging es dann zum Aufhängen aus der überhitzten Waschküche in die Kälte hinaus, in der die Wäsche auf den Leinen im Handumdrehen steinhart gefroren war. Mutter bangte jedes Mal um ihre kostbaren Tischtücher mit den eingewebten Schlössern und Vögeln, deren empfindliches Gewebe beim Abnehmen brechen könnte. Einen anderen Trockenplatz als den Hof aber gab es nicht, und so hing die Wäsche dort, bis sie trocken war, was manchmal auch im Sommer lange dauerte. Denn Missgeschicke blieben nicht aus: Ein Gewitter zog auf, eine Leine riss, so dass ein Teil der Wäsche wieder gespült werden musste, die Klammern saßen nicht fest genug, und ein plötzlicher Sturm in der Nacht verteilte Handtücher, Kopfkissenbezüge und Unterwäsche auf die Sträucher im Garten und auf die Leiterwagen. Im Herbst, wenn die Holunderbeeren reif waren, benutzten die Amseln die Wäscheleinen gern als Startplatz und hinterließen die Wäsche blau gesprenkelt. Oder Möpschen wälzte sich in der frischen Gartenerde und ließ sich dann zur Abkühlung die nassen Laken wohlig über den Rücken schlappen.

Im Sommer wurde die weiße Wäsche noch zusätzlich auf dem Rasen gebleicht, was bedeutete, dass sie alle Stunde aus großen Kannen frisch angefeuchtet werden musste. Und wenn der Mond schien, ließ man sie sogar über Nacht draußen, weil die Mondstrahlen die Wäsche angeblich besonders weiß machten.

Zur Kräftigung der erschöpften Frauen gab es am letzten Tag zum Mittagessen Eisbein mit Sauerkraut und Kartoffelbrei und zum Kaffee frischen Streuselkuchen. An den anderen Tagen hatte niemand die rechte Ruhe, und so löffelten die Waschfrauen mittags nur hastig etwas Zusammengekochtes, um schnell wieder an den brodelnden Waschkessel zu kommen, auf dem sich die Laken schon bedrohlich blähten.

Jetzt aber war auch Muße zu überlegen, was man noch im selben Aufwasch erledigen konnte, deshalb kamen wir Kinder auch gleich dran und wurden am Abend im Waschzuber abgeseift, eine Prozedur, die im Kinderzimmer stattfand. Das heiße Wasser schleppte das Mädchen aus der Küche hinauf, und um sie nicht zu überanstrengen, wurde die Wanne nur halb gefüllt. Von fröhlichem Herumplanschen konnte jedoch keine Rede sein. Der Holzfußboden hätte darunter leiden können, und schnell sollte es auch gehen. Und so stand an einem Weihnachten auf dem Wunschzettel meiner Schwester: «Einmal so lange baden, wie ich will.»

Die Haare wusch uns Mutter in der Küche. Sie nahm dazu Eigelb und spülte wie bei der Buntwäsche mit Essig. Anschließend setzte man uns mit tropfendem Kopf vor die offene Herdtür, unbekümmert darum, dass die Haare vielleicht Feuer fangen könnten. Doch der Herd erwies sich jedes Mal als einsichtig. Er gab zwar ordentlich Hitze ab, knisterte aber friedlich vor sich hin, ohne einmal der Versuchung nachzugeben, uns ein paar glühende Kohlenstückchen ins Haar zu spucken. Oft bot sich Vater an, uns nach dem Trocknen zu kämmen. Aber das lehnten wir jedes Mal dankend ab, denn er hatte wenig Geduld beim Auskämmen der von den Kletten, die wir uns gegenseitig auf den Kopf warfen, verfilzten Stellen und ziepte uns fürchterlich.

Das Legen und Einsprengen, Mangeln und Bügeln der Wäsche nahm eine weitere Woche in Anspruch, und Mamsell war sehr hinterher, dass Bett- und Tischwäsche ausreichend gestärkt waren, beim Zusammenlegen Kante auf Kante lag und vor allem die Tischtücher nicht zippelten. Beim Mangeln halfen wir gern, aber der Eifer war größer als unsere Fertigkeit, die Wäschestücke so zwischen die Rollen zu schieben, dass sie nicht zerknüllter als vorher wieder herauskamen. Außerdem schwebte Mutter in ständiger Angst, wir könnten mit unseren Fingern zwischen die Rollen geraten. Uns wurde aber gnädig erlaubt, das Rad zu drehen, was ziemlich schwer war und einen schnell aus der Puste brachte.

In den ersten Jahren im Forsthaus benutzten wir zum Plätten noch Bolzeneisen. Die Bolzen wurden im Herd zum Glühen gebracht und

dann mit einem Haken in die Eisen geschoben. Später kamen Spiritus-
eisen in Mode, die praktisch wie ein Spirituskocher funktionierten.
Die Mädchen, nicht nur im Umgang mit dem Herd gedankenlos,
pflegten Spiritus nachzufüllen, ohne vorher die Flamme auszudrehen,
obwohl sie wissen mussten, dass es dabei eine Explosion geben konnte.
Mutter hatte es ihnen oft genug gesagt und die Folgen in den
schlimmsten Farben ausgemalt: verkohlte Haare und Augenbrauen,
weggebrannte Wimpern, Brandnarben im Gesicht und an den Händen, die nie mehr weggehen würden, ja womöglich die ganze Küche
und sie mit in Flammen. Sie hörten Mutter jedes Mal fasziniert zu und
taten dann trotzdem dasselbe wie vorher.

Die fertige Wäsche häufte sich in Stapeln auf dem Lampentisch im
Flur und wurde von Mutter in den riesigen Wäscheschrank einsortiert,
wobei sie sich gern einzelne, besonders wertvolle Stücke betrachtete
und in Erinnerungen schwelgte. «Seht mal, dieses Tischtuch stammt
noch von einer Patentante von mir. Sie hatte sich so unsterblich in
ihren Cousin verliebt, dass sie ihm die Rasierseife stahl und sich damit
wusch. Und er hatte immer die armen Stubenmädchen im Verdacht.
Und dieses hier mit der Freiherrenkrone, das müsste noch aus dem
Nachlass von Onkel Philipp sein. Der hat sich's bequem gemacht, sich
immer abwechselnd bei seinen Geschwistern auf ihren Schlössern
durchgefuttert. Typisch Junggeselle!» Und zu meinem Vater gewandt,
der gerade den Flur entlangkam: «Kuck mal, die Eisservietten, die sind
bestimmt schon hundert Jahre alt.»

«Durchaus möglich», sagte Vater ohne die erwartete Ehrfurcht. Zu
seiner Garderobe gehörten noch mehrere Anzüge von seinem Vater, die
so alt waren, dass sie an den Familientagen selbst bei den sparsamsten
Mitgliedern doch einiges Erstaunen hervorriefen.

Diesmal war am letzten Waschtag nachmittags starker Nebel aufgekommen, und so begleitete mein Bruder, wie immer in einem solchen Fall, Agnes zum Anlegeplatz. Und während sie mit dem Kahn über den See glitt und vom Nebel verschluckt wurde, so dass nur noch das Plätschern des Ruders zu hören war, blieb er stehen und rief ab und zu «Huhu!» und «Hallo!», um ihr mit seiner Stimme als Kompass den Weg zu weisen, damit sie nicht im Kreise ruderte und am falschen Ufer landete. Als sie von drüben «Ick bin da!» schrie, hatte die Dämmerung schon vom Luch Besitz ergriffen, und mein Bruder lief, begleitet vom Ruf der Himmelsziege, die über ihm kreiste, nach Hause, ein magerer Junge mit ständig rutschenden Kniestrümpfen, der den ganzen Tag am Basteln war oder im Kahn Stunden auf dem See zubrachte. Er war voller Vorfreude auf das Abendbrot, denn Mamsell hatte etwas von Hering mit Zwiebelscheiben, Äpfeln und Sahnesoße gesagt. Aber die Vorfreude war voreilig gewesen – es gab mal wieder Kartoffeln mit Stippe, was auch Vater enttäuschte. Aber selbstverständlich ließ er sich nichts anmerken, sondern sagte tapfer: «Auch ein sehr schönes Gericht.»

Eisbein mit Sauerkraut und Kartoffelbrei

Bekannt wurde es in Berlin, aber eigentlich kam das Eisbein vom Land, wo immer schon Vorratswirtschaft auch ohne Kühlung betrieben wurde: Das Schweinefleisch wurde gepökelt, das Kraut eingesalzen – und die Kartoffeln im Keller gelagert.

Zutaten für 4 Personen:

4 gepökelte Eisbeine
2 Möhren
1 Zwiebel
1 Lorbeerblatt
2 Wacholderbeeren
einige Piment- und Pfefferkörner
1/2 TL brauner Zucker

Für das Sauerkraut:
1 kg Sauerkraut
1 Zwiebel
1 Apfel
2–3 EL Schweineschmalz
1/4 l Brühe vom Eisbein
2 Wacholderbeeren
1 TL Kümmel
1 Lorbeerblatt
weißer Pfeffer
1 EL Butterschmalz

Eisbeine waschen, in einem Topf mit 2–3 l Wasser bedecken und zum Kochen bringen. Möhren waschen, Zwiebel schälen, beides mit den Gewürzen und dem Zucker zum Fleisch geben und bei milder Hitze etwa 2 1/2 Stunden kochen lassen, bis sich das Fleisch leicht vom Knochen löst. Es sollte schön mürbe sein.

Inzwischen das Sauerkraut in einem Sieb leicht mit kaltem Wasser abbrausen, wenn es sehr sauer ist. Dann klein schneiden. Die Zwiebel und den Apfel schälen, beides in Würfel schneiden. Die Zwiebeln im Schmalz kräftig anbraten, dann die Apfelstückchen, das Sauerkraut und die Gewürze zugeben und andünsten. Mit etwa ¼ l Eisbeinbrühe angießen und ¾ Stunde gar schmoren. Mit dem Butterschmalz abschmecken und das Lorbeerblatt entfernen. Mit dem Eisbein und dem Kartoffelbrei servieren.

Kartoffelbrei

Püree gerät am besten mit mehlig kochenden Kartoffeln. Schlagen Sie es nur mit dem Schneebesen – auf keinen Fall mit dem elektrischen Handrührgerät –, sonst wird es zäh wie Kleister. Mit Buttermilch wie in diesem Rezept wird der Kartoffelbrei besonders pikant. Aber Sie können auch Milch nehmen.

ZUTATEN FÜR 4 PERSONEN:
800 g mehlig kochende Kartoffeln	50 g Butter
Salz	geriebene Muskatnuss
150 ml Buttermilch	

Die Kartoffeln waschen, schälen, in grobe Stücke teilen und in wenig Salzwasser gar kochen. Das Wasser abgießen. Die Buttermilch erhitzen. Die Kartoffeln mit dem Kartoffelstampfer fein zerstampfen. Dann die heiße Buttermilch nach und nach zugeben, mit dem Schneebesen unterschlagen, dabei die Butter zugeben. Mit Salz und Muskatnuss abschmecken.

Tipp: Sie können das Püree auch aus Pellkartoffeln machen. Dadurch bleiben mehr wertvolle Inhaltsstoffe erhalten, der Brei wird aber nicht ganz so sahnig.

STREUSELKUCHEN

In einem alten Kochbuch findet sich der Hinweis, dass dieser Kuchen das Lieblingsgebäck Kaiser Wilhelms II. sei.

ZUTATEN FÜR 1 BLECH:

Für den Hefeteig:	*Für den Streusel:*
1 Würfel Hefe	50 g Mandeln
400 g Mehl	1 Bittermandel
¼ l Milch	150 g Butterschmalz
2 Eier	150 g Zucker
50 g Zucker, Salz	1 TL Zimt
abgeriebene Schale einer Zitrone	ca. 200 g Mehl
200 g Butter	

Die Hefe mit ½ Tasse der angewärmten Milch auflösen, so viel Mehl zugeben, dass ein weicher Brei entsteht, zudecken und an einem warmen Ort gehen lassen. Nach 15 Minuten den übrigen Teig zubereiten: Die Hälfte Butter schmelzen und mit den Eiern verquirlen. Das Mehl mit dem Vorteig, Zucker, Zitronenschale, Salz und Ei-Butter-Mix in eine Schüssel geben. Verkneten und dabei so viel lauwarme Milch zugeben, dass ein knetbarer Teig entsteht. So lange bearbeiten, bis der Teig elastisch ist und nicht mehr klebt (mit der Küchenmaschine geht es leichter). Das Blech fetten, mehlen, den Teig darauf ausrollen und nochmals 30 Minuten gehen lassen.

Inzwischen den Streusel zubereiten: Mandeln und Bittermandel mit et-was Wasser aufsetzen, aufkochen und kalt abschrecken, aus der Schale drücken und sehr fein reiben oder hacken. Das Butterschmalz leicht erwärmen, aber nicht schmelzen. Die Mandelmischung, Zucker und Zimt unterrühren und nach und nach so viel Mehl zugeben, dass sich der Streusel zwischen den Händen zu haselnussgroßen, trockenen Klümpchen reiben lässt. Die restlichen 100 g Butter zerlassen und auf den Teig streichen, mit dem Streusel bestreuen. In den kalten Backofen in die untere Mitte schieben, dann erst auf 180 Grad anheizen und etwa 50 Minuten goldgelb backen. Schmeckt warm am besten! Wer mag, kann hinterher noch Puderzucker darüber streuen.

HERING MIT ÄPFELN, ZWIEBELN UND SAHNESOSSE

Eingesalzener Hering war ein wichtiger Wintervorrat. Je länger er im Salz lag, desto länger musste er auch gewässert werden. Besonders mild wurde er, wenn er ganz zum Schluss noch 2 Stunden in Milch eingelegt wurde.

ZUTATEN FÜR 4 PERSONEN:

4 Salzheringe mit Milchner	Pfefferkörner
150 g Sauerrahm 10 % Fett	2 kleine Zwiebeln
300 g Sauerrahm 20 % Fett	1–2 EL Öl
1–2 EL Weinessig oder Apfelessig	1–2 säuerliche Äpfel
1 Lorbeerblatt	(Berlepsch oder Glockenäpfel)

Die Heringe etwa 16 Stunden wässern, das Wasser dabei etwa alle vier Stunden wechseln. Dann die Heringe trocken tupfen, abziehen und entgräten, Köpfe abschneiden. Der Länge nach in eine lange Porzellanform legen. Die Milchner durch ein Sieb streichen, mit beiden Sauerrahm und dem Essig verrühren, über den Fischen verteilen. Ein Lorbeerblatt und die Pfefferkörner darauf legen. Die Zwiebeln schälen und in dünne Ringe schneiden, auf der Sahne verteilen, mit Öl beträufeln, alles abdecken und im Kühlschrank über Nacht ziehen lassen. Dann die Heringe herausheben, in schräge Stücke teilen, in Fischform auf eine Platte legen. Den Apfel schälen, vierteln, das Kerngehäuse entfernen und die Spalten quer in dünne Scheiben schneiden. Lorbeerblatt und Pfefferkörner entfernen. Sahnesoße mit Apfelstückchen und Zwiebelringen kremig rühren, über dem Hering verteilen. Dazu gibt es Brot oder Pellkartoffeln.

4

Brot und Flieder

Eins, zwei, drei vier, fünf, sechs, sieben, eine alte Frau kocht Rüben, eine alte Frau kocht Speck, und du bist weg.» Weg war in diesem Fall Mamsell. Sie hatte die Grippe und musste ins Bett, was bei ihr so gut wie nie passierte. Aber jetzt im März hatte es sie so richtig erwischt. Da halfen auch Halsumschläge mit heißen Kartoffeln und Schweineschmalz auf der Brust nichts. Ihr röchelnder Husten ließ sogar Möpschen zusammenfahren und raubte uns den Schlaf. Aber einen Arzt lehnte sie kategorisch ab.

In der Küche ging nun alles drunter und drüber, denn herrschsüchtig, wie Mamsell war, machte sie alles allein und ließ höchst ungern jemand anders an den Herd, selbst Mutter nicht, wozu man allerdings gerechterweise sagen musste, dass Mutter sich nicht gerade danach drängte. Nach einer Woche hatten wir die «frugale Küche», wie Vater es nannte, herzlich satt und sehnten uns nach etwas anderem als nach Bohnen mit Speck, Erbsen mit Speck, Kartoffeln mit Sauerkraut und gebratenem Speck, Kartoffeln mit Sülze, Kartoffeln mit Roter Bete und durchwachsenem Speck und den unvermeidlichen Béchamel-Kartoffeln. Aber etwas anderes bekam Agnes Heidepriem, die in die Küche beordert war, nicht zustande, und noch war kein Ende abzusehen. Dazu stellte sich der Herd besonders widerborstig an. Er qualmte ohne ersichtlichen Grund, dass einem die Augen tränten, ließ Holz und

Kohle mehr ankokeln als brennen und nachts die sorgsam mit Asche zugedeckte Glut erkalten. Die Herdtür klemmte mehr denn je, und Agnes rutschte einer der Herdringe vom Feuerhaken, fiel auf den Boden und zerbrach. «Du sprachst schon davon» und «Apropos» waren in dieser etwas gereizten Atmosphäre die Lieblingsreden der Eltern.

«Apropos Herd», sagte Mutter. «Lange mache ich das nicht mehr mit.»

«Du sprachst schon davon», sagte Vater. Er hatte jetzt viel mit seinem Bruder auf dem Nachbargut zu tun, meist um die Mittagszeit, und schwärmte uns dann vor, wie superb die von meiner Tante zubereitete Schnepfe geschmeckt habe. «Mit Preiselbeeren, Kartoffelbrei und einer phantastischen Soße. Ich sage euch, es war ein Gedicht.»

Wir seufzten und leckten uns die Lippen.

«Und was habt ihr Schönes gegessen?»

«Béchamel-Kartoffeln.»

«Nun», sagte Vater aufmunternd, «auch ein sehr schönes Gericht. Aber die Soße –»

«Du sprachst schon davon», sagte Mutter. «Apropos Soße. Auf diesem Schrotthaufen von Herd lässt sich gar keine Schnepfe mehr vernünftig braten. Wir werden immer mehr auf etwas feinere Küche verzichten müssen. Aber dir macht das natürlich nichts. Dir genügt falscher Hase ja völlig.»

Das konnte Vater unmöglich auf sich sitzen lassen. Am nächsten Tag stattete er Mamsell einen Besuch an ihrem Krankenlager ab, was uns alle sehr erstaunte, denn er hatte tödliche Angst vor Ansteckung und pflegte sich bei jeder unserer winterlichen Grippen, obwohl er sie stets als «leichte Erkältungen» abtat, anzustellen, als hätten wir die Cholera. Dann holte er sich seine Flinte und verschwand. Nach Einbruch der

Dunkelheit kam er stolz mit zwei Schnepfen wieder zurück. Mutter war außer sich. «Du glaubst doch wohl nicht im Ernst, dass ich dir die brate! Und Agnes kann so was nicht.»

«Lass mich nur machen», sagte Vater. Er ließ die Schnepfen von Agnes rupfen, nahm sie aus und warf uns dann alle aus der Küche, Möpschen eingeschlossen, der sich nur ungern von den Vögeln trennte. Zu unserer Überraschung erschien Mamsell in mehrere Lagen Gestricktes und einen lila Morgenmantel aus Flanell eingemummelt und begab sich trotz Mutters Protesten – «Sie werden sich den Tod holen!» – in die Küche, um Vater zu assistieren. Allerdings wurde ihr bald schwindlig, und sie kroch wieder in ihr Bett. Trotzdem waren die Schnepfen ein voller Erfolg. Stille senkte sich auf das Haus herab, als wir uns über die Teller mit den Köstlichkeiten beugten, und jeder schmatzte trotz Mutters missbilligenden Blicken genießerisch vor sich hin.

«Schmeckt», sagte Mutter. «Schmeckt wirklich.» Und verkniff sich großmütig die Bemerkung, dass die Küche allerdings aussehe, als hätten betrunkene Landsknechte dort ein Spanferkel über offenem Feuer gebraten.

«Ich sag's ja», sagte Vater, «der Herd ist völlig in Ordnung.»

«Wie man's nimmt», sagte Mutter. «Der Schornsteinfeger war übrigens immer noch nicht da.»

«Du sprachst…» Er warf Mutter einen Seitenblick zu und verbesserte sich hastig: «Du hast wirklich Recht. Auf den Kerl ist einfach kein Verlass.»

Vater hätte gern seine Kochkünste an einem Hecht versucht. Aber das wollte Mutter auf keinen Fall. Trotzdem zog zwei Tage später der verlockende Duft von Fisch in Weinsoße durchs Haus. Mamsell war von ihrem Krankenlager auferstanden und hatte die Zügel wieder in die Hand genommen.

Düfte, und nicht nur die von Mamsells Kochkunst kündenden, verbinden sich mit meiner Erinnerung an unser Haus, das mit den verschiedensten Gerüchen geradezu parfümiert war, die sich in Teppichen, Möbeln, Betten und Schränken eingenistet hatten und uns so vertraut waren, dass wir sie kaum noch wahrnahmen. In jedem Zimmer roch es anders. Im Wohnzimmer dominierten Bohnerwachs und Zigarrenrauch, im so genannten Salon, der so gut wie nie geheizt wurde, roch es nach abgestandener Luft und kalter Asche, bei meinem Bruder nach Anglerglück, einer grauenhaft riechenden Paste, die er auf den Fischköder strich, weil die Fische angeblich ganz verrückt danach waren, nach Teer und fauligem Aquariumwasser, und in dem kleinen Zimmer, das ich mit meiner Schwester teilte und das außer unseren Betten noch zwei Pulte und einen Schrank enthielt, roch es so durchdringend nach einer Mischung aus einem vom Lumpenmann erstandenen Parfüm, Niveacreme und Kreide, dass Vater jedes Mal, wenn er ins Zimmer kam, das Fenster aufriss – «Vor dem Gestank flüchten ja sogar die Ratten!». Im Zimmer meiner Mutter duftete es nach Lavendelkissen, nach Riechsalz, nach Puder und dem Spiritus von Mutters Ondulierschere, in Vaters Zimmer nach Leder und Dralles Birkenwasser. Bei Mamsell roch es vor allem nach «Ich Anna Csillag»-Pomade, durch deren wundersame Wirkung diese angeblich eine 185 Zentimeter lange Loreleimähne bekommen hatte, und das innerhalb eines Jahres. Mamsells stattlicher Dutt schien das auch zu bestätigen. Wir fragten uns allerdings jedes Mal, wo die Haarpracht geblieben war, wenn sie bei nächtlichen Krankheitsfällen mit zwei spillerigen Zöpfchen durchs Haus rannte. Bei den Mädchen duftete es

nach Veilchenseife, und das ganze Haus roch nach nassen Hunde-
haaren, eingeölten Stiefeln, Petroleum, Kerzen, Mottenkugeln, Bratfett
und was die Küche sonst noch zu bieten hatte, wobei der Blumen-
kohlgeruch sich am längsten hielt. Und unter all diese Düfte mengte
sich der aus dem Pferdestall mitgebrachte Geruch.

In der warmen Jahreszeit, wenn die Fenster wieder den ganzen Tag
offen standen, durchzog der Duft von Flieder, blühenden Linden oder
Rotdorn das Haus. Aber jetzt, vor Ostern, tat sich die klassische
Konfirmationsblume, die Hyazinthe, besonders hervor. In Blumen-
töpfen überwintert, waren die Pflanzen nun wieder zum Leben er-
wacht und standen auf Fensterbrettern und Tischen. Ihr Duft drang
bis in den letzten Winkel und überdeckte sogar für kurze Zeit das, was
wir am liebsten rochen, woran wir uns nie überaßen: den Geruch von
frisch gebackenem Brot.

Als Erstes wanderte der Backtrog in die Küche. Am Abend wurden
Sauerteig, Mehl, Wasser und Salz gemischt und dann in dem Trog
geknetet, geknetet, geknetet, bis zehn, zwölf wohlgeformte Brotlaibe in
Reih und Glied dalagen, die sorgsam zugedeckt wurden, damit sie in
Ruhe gehen konnten. Jeden, der in die Küche kam, zischte Mamsell
an: «Tür zu, der Teig darf keinen Zug bekommen!» Der Herd wurde
ordentlich auf Touren gebracht, während sich die Brote wohlig dehn-
ten. Am nächsten Morgen sorgte Frau Trägenapp, unsere Nachbarin,
dafür, dass der vom ganzen Dorf benutzte Backofen neben der Scheune
die richtige Temperatur bekam, eine Kunst für sich, die sie am besten
beherrschte. Dann wurden die Brote zum Ofen gebracht. Natürlich
waren wir mit dabei und ließen unsere mit Brotteig gefüllten Puppen-
formen in den Ofen schieben. Hundertmal lieber als das übliche
Nachmittagsbrot mit Pflaumenmus aßen wir an den nächsten beiden

Tagen das frische Brot mit Speck oder Schmalz. Auch Gäste waren auf unser Brot ganz versessen und durften sich meistens einen Laib mitnehmen.

Sosehr wir das frisch gebackene Brot liebten, sowenig hielten wir von Brotgerichten. Denn trockenes Brot wanderte nicht etwa in den Schweineeimer, sondern es gab süßsaure Brotsuppe mit Rosinen, die wir hassten. Auch Vater war nicht gerade ein Liebhaber dieses Gerichts und ließ sich von Mutter immer nur eine halbe Kelle geben, denn, behauptete er, Brotsuppe sei ungeheuer sättigend.

Bohnen mit Speck

Grüne Bohnen wurden mit etwas Bohnenkraut im Sommer eingeweckt und gerne verwendet, wenn es schnell gehen musste – ein früher Vorläufer der Konserven. In manchen Haushalten kamen noch eingeweichte Trockenpflaumen oder -birnen in diesen Gemüsetopf.

Zutaten für 4 Personen:

2 Scheiben Magerspeck à 100 g	1 große Dose grüne Bohnen (850 ml)
2 Zwiebeln	¼ l Milch
4 Möhren	Salz, Pfeffer
2–3 EL Butter	1 Prise Zucker
1 EL Mehl	geriebene Muskatnuss
	800 g Kartoffeln

Die Schwarte vom Speck schneiden, die Scheiben in fingerdicke Streifen schneiden. Die Zwiebeln schälen und in grobe Würfel schneiden. Die Möhren schälen und in Scheiben schneiden. Speckstreifen in der Butter glasig werden lassen, dann die Zwiebeln und Möhren zugeben. Mehl darüber stäuben und hellgelb schwitzen. Vom Herd ziehen, mit dem Bohnenwasser angießen, dann die Milch zugeben, mit den Gewürzen würzen. Unter Rühren zum Kochen bringen und etwa 15 Minuten leicht kochen lassen. Inzwischen Salzkartoffeln aufsetzen und garen. Die Bohnen zum Gemüse geben und heiß werden lassen, nochmals abschmecken und zu den Kartoffeln reichen.

ERBSEN MIT SPECK

ZUTATEN FÜR 4 PERSONEN:

400 g gelbe Erbsen (ungeschält)	1 Bund Suppengrün
2 Zwiebeln	1 Petersilienwurzel
1 Lorbeerblatt, 1 Nelke	250 g Kartoffeln
einige Pfefferkörner	1 Zwiebel
Speckschwarten (wenn	150 g durchwachsener Speck
vorhanden)	1–2 EL Schweineschmalz
Salz	Pfeffer

Die Erbsen verlesen (das ist heute kaum mehr nötig) und mit knapp 2 Liter kaltem Wasser über Nacht einweichen.

Am nächsten Tag die Zwiebeln abziehen, eine in feine Würfel schneiden und beiseite stellen. Die andere halbieren, Lorbeerblatt, Nelke und Pfefferkörner hineindrücken. Erbsen samt Einweichwasser, gespickten Zwiebelhälften und Speckschwarten zum Kochen bringen, 1½ Stunden kochen lassen.

Inzwischen das Gemüse und die Kartoffeln waschen und putzen bzw. schälen. In kleine Würfel oder Scheiben schneiden. Dann in die Erbsensuppe geben, mit 1 TL Salz würzen. Etwa 30 Minuten weiterkochen, wenn nötig, noch Wasser zugeben.

Den Speck in kleine Würfel schneiden, im Schmalz zerlassen, dann die Zwiebelwürfel zugeben und alles knusprig braun braten. Speckschwarten und gespickte Zwiebelhälfte aus dem Erbsentopf fischen, dann Zwiebel-Speck-Mix zugeben und den Eintopf mit Salz und Pfeffer abschmecken. Ein

Schuss Weißwein verfeinert das Ganze. Dazu passen in Butterschmalz geröstete Brotwürfel besonders gut.

Tipp: Im Erbsentopf wurde auch gerne gepökeltes, knorpelreiches Schweinefleisch mitgekocht wie Eisbein, Rippchen, Ohren, Schnauze oder Schwänzchen. Kochen Sie dieses von Anfang an mit und nehmen es vor dem Servieren heraus. Es wird entbeint und klein geschnitten in der Suppe serviert. Die Speckportion darf dann kleiner ausfallen.

SÜLZE MIT BRATKARTOFFELN

Sülze herzustellen kostet Zeit. Aber es war eine ideale Verwertung von knorpeligen Fleischteilen wie Gelenken und Kopf, die viel gelierendes Kollagen, aber nicht so viel Fleisch enthalten. Außerdem war Sülze nach dem Schlachten ein Vorrat: Mit Essig zubereitet und eingeweckt wurde sie haltbar und gab mit Bratkartoffeln oder Brot ein Abendessen. Am besten gelieren Kalbsknochen, die es vorwiegend im Frühjahr gab – wenn Kälber geschlachtet wurden. Heute kann man Sülzen mit Gelatine sehr schnell fabrizieren. Sie haben aber nicht die Konsistenz und das Aroma der «echten» Sülzen. Damit sich die Mühe lohnt, hier ein Rezept für 6–8 Personen. Die Zutaten müssen Sie beim Schlachter vorbestellen.

ZUTATEN FÜR 6–8 PERSONEN:

2 kg gespaltene Kalbsfüße, Schweinepfoten, Schweinebacke	mehrere Piment- und Pfefferkörner
2 Möhren	Salz
1 Zwiebel	1 unbehandelte Zitrone
1 Lorbeerblatt	50 ml Weinessig
4 Wacholderbeeren	1 Prise Zucker
2 Nelken	Petersilie zur Garnitur

Die Fleischteile sehr gründlich abwaschen. Möhren waschen und grob zerkleinern, Zwiebel nicht schälen, nur halbieren. Fleisch mit gut 2 l Wasser, dem Gemüse, den Gewürzen, 2 TL Salz, der abgeschälten Zitronenschale und dem Essig samt Zucker in einen Topf geben. Zum Kochen bringen, abschäumen und etwa 2½ Stunden leise kochen lassen. Dabei immer wieder Flüssigkeit ergänzen. Dann die Brühe durch ein Sieb geben, in dem ein Mulltuch (am besten eine Mullwindel) liegt. Die Brühe völlig erkalten lassen. Das Fleisch vom Knochen lösen und samt den jetzt weichen, knorpeligen Teilen und der Schwarte in feine Stücke schneiden, kalt stellen.

Das Fett von der Brühe abheben, dann das Gelee vom Bodensatz abheben und in einem Topf erneut aufkochen, auf 2 l auffüllen, sehr würzig mit Salz, Zitronensaft, Essig und Zucker abschmecken. Dann das Fleisch kurz in der Brühe ziehen lassen. Eine Schüssel oder Kastenform mit Petersilienblättchen auslegen, Fleisch hineinheben und mit der Brühe begießen, mit Petersilie bestreuen und kalt stellen.

Dazu gab es

Bratkartoffeln

ZUTATEN FÜR 4 PERSONEN:

800 g Pellkartoffeln vom Vortag
1 Zwiebel
2–3 EL Schweineschmalz

2–3 EL Butterschmalz
Salz

Die Kartoffeln pellen und in Scheiben schneiden. Die Zwiebel schälen und fein würfeln. Immer beide Fettsorten halb und halb in einer großen Pfanne erhitzen, die Kartoffelscheiben mit den Zwiebeln in mehreren Partien goldbraun braten, dabei salzen. Nie zu viel Kartoffeln in die Pfanne tun – sie werden sonst nicht knusprig.

Zusammengekochtes aus Roter Bete und Kartoffeln

Diese Art von Eintopf machte die Bevölkerung satt: Immer kamen Kartoffeln hinein, Speck, wenn man hatte, und das Gemüse der Saison. Im Winter und Frühjahr vor der ersten Ernte war die Auswahl klein: Rote Bete, Sauerkraut und Rüben, eventuell noch gedörrte Pflaumen oder Birnen. Hier eine gehaltvolle Version, die Kinder sicher immer noch grässlich finden, Erwachsene aber vielleicht sogar zum Lieblingsgericht wählen:

Zutaten für 4 Personen:

1 kg Suppenknochen	600 g Rote Bete
400 g Suppenfleisch	600 g Kartoffeln
1 Bund Suppengrün	ein Schuss Essig
1 Lorbeerblatt, Pfefferkörner	1 Zwiebel
1 TL getrockneter Majoran	2 EL Speckwürfel
Salz	150 g Sauerrahm

Die Knochen und das Fleisch waschen. Suppengrün waschen, schälen, putzen und grob zerkleinern. Fleisch, Knochen, Suppengrün, die Gewürze, 1 TL Salz und 1 l Wasser in einem Topf zum Kochen bringen, abschäumen und bei kleiner Hitze 1½ Stunden leise kochen lassen.

Inzwischen Rote Bete und Kartoffeln waschen, getrennt in der Schale gar kochen. Mit kaltem Wasser abschrecken. Kartoffeln und Rote Bete pellen, in Würfel schneiden (Vorsicht – Rote Bete färbt sehr!). Die Rote Bete mit Essig beträufeln. Fleischbrühe absieben, das Fleisch in Würfel schneiden, mit Roter Bete und Kartoffeln in einem Topf zum Kochen bringen.

Inzwischen die Zwiebel schälen und würfeln. Den Speck im Schmalz zerlassen, Zwiebelwürfel zugeben und braun rösten, in den Eintopf geben. Zum Schluss den Sauerrahm unterschlagen und den Eintopf mit Salz und Pfeffer abschmecken.

Tipp: Es sieht natürlich viel schöner aus, wenn Sie den Sauerrahm extra zum Eintopf reichen – auch wenn das nicht ganz echt ist.

SCHNEPFEN MIT SCHNEPFENDRECK
UND MADEIRASOSSE

Es gibt die größeren Waldschnepfen und die kleineren Moosschnepfen. Heute werden beide nicht mehr bejagt. Ersatzweise können Sie Wachteln oder Rebhühner nehmen, die aus Zuchtbetrieben stammen.

ZUTATEN FÜR 4 PERSONEN:

Für die Soße:

1 Möhre
1 Stück Knollensellerie
3 Zwiebeln
2 EL Butter
3 EL rohe Schinkenwürfel
2–3 EL Mehl
gut ½ l Fleischbrühe (Instant)
1 Lorbeerblatt
4–5 Pfefferkörner
1 Zweig Thymian
1 Glas Madeira
2 EL Tomatenmark (einfach konzentriert)
1 TL Johannisbeergelee

Für den Braten:

4–8 frisch gerupfte Schnepfen
  (oder Rebhühner à 250 g)
Salz, Pfeffer
4–8 dünne Scheiben fetter
  Speck
4–5 EL Butter
1–2 EL Semmelbrösel
geriebene Muskatnuss
10–15 dünne Scheiben Brot

Zunächst die braune Grundsoße zubereiten. Möhren und Sellerie waschen, schälen und fein würfeln, Zwiebeln schälen und fein würfeln. Alles mit dem Schinken in der Butter gelb anbraten, das Mehl zugeben. Alles braun schwitzen, ohne es zu verbrennen. Dann vom Herd nehmen und unter Rühren die Fleischbrühe, dann die Gewürze zugeben. Bei kleiner Flamme ohne Deckel etwa 1 Stunde kochen lassen. Dann das Fett soweit wie möglich abheben und die Soße durch ein Sieb gießen; diese Grundsoße beiseite stellen.

Bei den gerupften Schnepfen Schlund und Gurgel entfernen, der so typische lange Schnabel bleibt erhalten und wird zum Braten zwischen die beiden Keulen gesteckt, die Flügel auf den Rücken geklappt. Dann die Schnepfe vom Darmausgang bis zum Brustbein aufschneiden und ausnehmen. Rundherum und innen mit Pfeffer und Salz ausreiben, eventuell einen Thymianzweig in die Höhlung legen. Den Backofen auf 180 Grad vorheizen. Dann auf jede Schnepfenbrust mit Küchengarn eine Speckscheibe binden. In einer Kasserolle die Hälfte Butter erhitzen, die Schnepfen hineinsetzen und auf dem Backblech in den heißen Ofen schieben, 35 bis 45 Minuten braten, dabei ab und zu mit dem Fond einpinseln.

Inzwischen die Eingeweide der Schnepfe, den sogenannten Schnepfendreck, von den Mägen befreien. Alles Übrige hacken, mit der restlichen zerlassenen Butter, den Semmelbröseln, Pfeffer, Salz und Muskat zu einer Krem rühren. Aus den Brotscheiben mit einem Glas runde Taler ausstechen, mit dem Schnepfendreck bestreichen, neben der Kasserolle aufs Blech legen und etwa 12 Minuten mitbacken.

Die Schnepfen auf eine Platte setzen, rundherum die Schnepfendreckbrötchen auflegen und alles im abgeschalteten Ofen warm halten.

Vom Fond das Fett abgießen, den Fond mit dem Madeira loskochen und zur Grundsoße geben, alles noch einmal kräftig aufkochen lassen, mit Pfeffer, Salz, Tomatenmark und Johannisbeergelee abschmecken. Mit Kartoffelmus oder Kartoffelklößen zu den Schnepfen servieren.

FISCH IN WEINSOSSE

ZUTATEN FÜR 4 PERSONEN:

1 große küchenfertige
Lachsforelle (etwa 1,2 kg)
Salz, Pfeffer
0,5 l Rheinwein
1 Zwiebel
1 Möhre
1 Kräuterbündel aus einigen
Stengeln Petersilie,

1 Thymianzweig und
1 Lorbeerblatt
2 EL Butter
1 EL Mehl
2 EL Tomatenmark
(einfach konzentriert)
1 EL Krebspaste
0,1 l süße Sahne

Die Forelle gründlich waschen, Flossen und Schwanz abschneiden, den
Fisch außen und innen salzen und pfeffern. Wein in einen Fischtopf oder
Bräter gießen. Zwiebel und Möhre schälen und in Ringe bzw. Scheiben
schneiden, mit dem Kräuterbündel in den Wein legen, zum Kochen bringen. Den Fisch in der nur leicht kochenden Weinmischung etwa 20 Minuten gar ziehen lassen. Herausheben und die Haut abziehen, auf eine gewärmte Platte setzen. Fischfond durch ein Sieb gießen. Butter schmelzen,
Mehl zugeben und gelb anschwitzen, Tomatenmark zufügen. Vom Herd
nehmen, Fond zugeben und wieder aufkochen, etwa eine Viertelstunde leise
kochen lassen. Krebspaste zugeben, mit Salz und Pfeffer abschmecken.
Sahne leicht anschlagen, unterziehen und die Soße über dem Fisch verteilen.
Mit Petersilienkartoffeln zu Tisch geben.

ROGGENBROT AUS SAUERTEIG

Roggen enthält kein Gluten wie Weizen und kann deshalb nicht allein mit Hefe gebacken werden. Der Roggenteig geht vielmehr durch eine Gärung auf. Dabei findet eine Säuerung statt, die für Aroma sorgt und gleichzeitig die Haltbarkeit erhöht. Zur Säuerung brauchen Sie einen Ansatz, wie im Rezept erklärt. Die so genannte Teigführung findet in mehreren Stufen statt – hier finden Sie eine einstufige Führung. Einfacher ist es, sich ein halbes Pfund Sauerteig beim Bäcker zu holen, dann entfällt die erste Säuerungsstufe. Wichtig beim Backen ist die Entwicklung von Wasserdampf – stellen Sie das tiefe Blech mit Wasser auf den Ofenboden.

ZUTATEN FÜR 2 BROTLAIBE:

Für den Anstellsauer:
400 g Roggenmehl Type 1150
½ l lauwarmes Wasser
2–3 EL Bioghurt

Für die Brote:
1 Würfel Hefe
ca. ¾ l lauwarmes Wasser
1½ kg Roggenmehl Type 1150
3 EL Salz
Kümmel nach Geschmack

Das Mehl mit Wasser und Joghurt zu einem glatten Brei rühren, mit etwas Mehl bestäuben, ein Tuch locker darüber legen und bei etwa 23 Grad etwa 2 Tage gehen lassen, bis die Oberfläche leicht schaumig wird. Der Teig sollte schön säuerlich riechen. Geht er nicht richtig an, noch 2 EL Joghurt zusetzen und einen Tag recht warm stellen. Ist der Ansatz schön gesäuert, den Brotteig zubereiten:

Die Hefe in einer Tasse lauwarmem Wasser auflösen, unter den Vorteig rühren. Dann im Wechsel Mehl mit Salz und Kümmel und übriges Wasser zugeben, so dass ein dicklicher Teig entsteht. Wieder bestäuben, abdecken und über Nacht gehen lassen. Zwei große Kastenformen fetten, den Teig einfüllen und nochmals 2 Stunden gehen lassen. Den Backofen auf 250 Grad vorheizen. Die Brotlaibe mit Wasser bestreichen, mit einer Gabel stupfen und auf der unteren Einschubleiste in den heißen Ofen schieben. Das tiefe Blech mit heißem Wasser auf den Ofenboden stellen. Hitze auf 200 Grad herunterschalten und das Brot 1¼ Stunden backen. In den letzten 15 Minuten die Hitze ganz abschalten. Dann die Brotlaibe auf dem Bratrost auskühlen lassen.

SÜSSSAURE BROTSUPPE MIT ROSINEN

Weizen- oder Mischbrot bleibt nicht so lange frisch, deshalb gab es natürlich Brotreste – und die wurden selbstverständlich auch verwertet. Sie wurden getrocknet und zu Semmelbröseln gerieben, sie landeten eingeweicht in Hackbraten und Frikadellen – und sie wurden zu Brotsuppe verarbeitet.

ZUTATEN FÜR 4 PERSONEN:

³/₄ l Wasser	2 EL Butter
1 unbehandelte Zitrone	1–2 EL Zucker
250 g altbackenes Brot in Würfeln	1 Zimtstange
¹/₄ l Milch	100 g Rosinen

Das Wasser mit der halben in Scheiben geschnittenen Zitrone und dem Brot aufsetzen und in etwa 10 Minuten weich kochen. Die Zitronenscheiben ausdrücken und entfernen, die Suppe durch ein Sieb streichen. Mit Milch, Butter, Zucker, Zimtstange und den Rosinen etwa 5 Minuten kochen, bis die Rosinen rund sind. Die zweite Zitronenhälfte auspressen, den Saft zur Suppe geben. Zimtstange herausfischen und die Suppe auftragen.

Tipp: Für Erwachsene kann statt der Milch auch Weißwein zugegeben und die Suppe zusätzlich mit einem Eigelb legiert werden.

APRIL

5

Die Kräutertante

Jeder von uns hatte, abgesehen von seiner Lieblingstasse, seinem Lieblingsbesteck und seinem Lieblingsglas, einen Gegenstand, an dem er besonders hing, den er dauernd mit sich herumschleppte oder dem er einen besonderen Platz einräumte. Und jeder tat, als sei dieser Gegenstand das Kostbarste von der Welt und unersetzlich. Vater zum Beispiel stellte sich furchtbar mit seinem Beil an. Die Klinge war messerscharf geschliffen, der Griff lag angenehm in der Hand, und angeblich war ihm dieses wunderbare Gerät erst nach langem vergeblichen Herumsuchen in die Hände gefallen. Dabei wussten wir alle, dass er es in ziemlich verrottetem Zustand im Wald gefunden hatte. Sobald das Beil seinen Dienst verweigerte, weil der Ast, den Vater ihm zumutete, einfach zu dick war, beschuldigte er meinen Bruder, sich hinter seinem Rücken diese Kostbarkeit angeeignet und damit Steine bearbeitet zu haben. Nur als ihm eines Tages das edle Werkzeug ausrutschte und voll seinen rechten Fuß traf, so dass nur das dicke Leder seines Schnürstiefels das Schlimmste verhinderte, allerdings alle fünf Zehen angehackt waren, äußerte er keine Verdächtigungen. Mit blutdurchtränktem Schuh kam er nach Hause gehumpelt, wo wir schon mit der Vesper auf ihn warteten. Ich musste ein Handtuch vor seinen Esszimmerstuhl unter den Tisch legen, und er stellte seinen nackten Fuß darauf, der das Handtuch im Nu verfärbte.

«Also wirklich», sagte Mutter ziemlich bleich im Gesicht und eilte, um Verbandszeug zu holen. Die Pflaumenmusstulle in der Hand, starrte ich mit offenem Mund auf den blutigen Fuß, und Vater ermahnte mich, wie fast bei jeder Mahlzeit: «Kind, iss!», während er seelenruhig nach Brot und Butter griff.

Das Lieblingswerkzeug meines Bruders, des großen Bastlers, war eine Flachzange. Er bezichtigte seinerseits sofort Vater, meist zu Recht, wenn sie nicht an ihrem Platz lag. Vater nämlich hielt sich selbst nie an die von ihm aufgestellten Regeln. So borgte er sich gern, ohne Mutter zu fragen, ihre wie einen Augapfel gehütete Stickschere, um Schnüre von der Stärke eines Seils damit durchzuschneiden, was ihm natürlich nicht gelang, der Schere aber sehr schadete, die zu Mutters Erstaunen plötzlich nicht einmal mehr einen Nähseidenfaden schnitt. Auch für meine Schwester war ihre Schere ein Heiligtum. Angeblich war sie die einzige im Haus, mit der man Papierpuppen und ihre Garderobe ausschneiden konnte. Gnade mir Gott, wenn sie mich mit ihr erwischte!

Ich selbst, das jüngste Kind, besaß natürlich nichts. Voller Erbarmen schenkte mir Mutter einen ausrangierten Schuhanzieher, mit dem ich allerdings nichts anfangen konnte. Ich bot ihn freizügig jedermann an, aber niemand wollte ihn haben. Möpschens Favorit war ein alter Kochlöffel mit einem abgebrochenen Stielrest. Er trug ihn stundenlang im Maul herum, was seine Lefzen so in die Breite zog, dass er wie ein behaarter überdimensionaler Frosch aussah. Wahrscheinlich war der Löffel von Bratensoße und anderen Köstlichkeiten durchtränkt und für ihn eine Art herrliche Lutschstange. Sonst ließ er sich gutmütig ziemlich alles aus dem Maul nehmen, gelegentlich sogar einen Knochen, aber versuchte man es mit diesem Löffel, sträubte sich sein Nackenhaar und er fing an, gefährlich zu knurren.

Mamsells Ein und Alles wiederum war ein Schälmesser. Für sie gab es so etwas Fabelhaftes nicht zum zweiten Mal in ihrer Küche. Dabei war die Klinge schon leicht verbogen, ganz dünn vom vielen Schleifen und saß ziemlich locker. Nie hätte sich jemand von uns an dieses Messer gewagt. Trotzdem verschwand es ab und zu auf geheime Weise, und Mamsell durchwühlte vergeblich sämtliche Schubladen. So auch in dieser Aprilwoche, in der Hausbesuch anstand. Während sie immer hektischer in den Schränken herumrumorte, kam mein für gespannte Atmosphären nicht eben empfänglicher Bruder auf die Idee, ihr eine Scherzfrage zu stellen: «Was heißt das: Osterbēn Onēglaubēn ist des Menschen Vērderbēn?» Mamsell drehte sich um und sagte mit gefährlich ruhiger Stimme: «Raus! Ich zähle bis drei!»

Mein Bruder verschwand auf der Stelle, ohne die Auflösung seiner Scherzfrage losgeworden zu sein: «O sterben ohne Glauben ist des Menschen Verderben.» Er beklagte sich bei Mutter über Mamsells Gereiztheit, und die wusste gleich, was die Stunde geschlagen hatte. Aber sie wusste auch, wie man Mamsell besänftigen konnte, nämlich durch eine gemeinsame Inspektion des Vorratskellers.

«Kommen Sie», sagte Mutter, und Mamsell folgte ihr nur zu gern. Die Vorräte im Keller waren nämlich ihr ganzer Stolz, und es war für uns Kinder gefährlich, auch nur ein Glas Marmelade oder Kompott zu stibitzen, denn jedes Weckglas wurde gezählt und darüber Buch geführt. Während sie mit Mutter an den Regalen entlangschritt, in denen die Weckgläser mit teils als Kompott, teils als Marmelade oder Gelee eingemachten Johannisbeeren, Erdbeeren, Himbeeren, Stachelbeeren, Birnen und Kirschen und die Tontöpfe mit Pflaumenmus, Sauerkraut, eingelegten Gurken und Eiern schnurgerade aufgereiht und mit Etiketten sauber beklebt wie in Hab-Acht-Stellung standen, besserte sich ihre Laune zusehends. Sie inspizierte die mit Erde abgedeckten Mohrrüben und Kohlköpfe und schob mit dem Fuß die Kartoffeln auseinander. «Fangen schon an zu keimen», bemerkte sie, bückte sich so ganz nebenbei und hob etwas auf, das im Licht der Petroleumlampe blinkte. Es war das Messer. Mutter tat, als habe sie nichts gesehen, und Mamsell ergriff ein Glas Leberpastete, drückte es Mutter in die Hand und meinte: «Ab und zu sollten wir dem Herrn Grafen wirklich mal was Gutes gönnen.»

«Da wird er sich aber freuen!», rief Mutter strahlend, als hätte man ihr gerade eine Büchse russischen Kaviars überreicht.

Der April war nicht gerade ein Monat, in dem sich unsere Gäste die Klinke in die Hand gaben. Zwar schwärmte, wer hin und wieder kam, vorher von dieser herrlichen Jahreszeit, in der man, frei von Ausflüglerrummel, das Wiedererwachen der Natur in wundervoller Ruhe genießen konnte, verabschiedete sich aber dann doch schneller wieder als erwartet, nicht ohne im Gästebuch Dankeshymnen zu hinterlassen: auf das selbst gebackene Brot, Mamsells exquisite Küche und auf die unermüdlichen Bemühungen der Eltern, den Gast zu amüsieren. Dabei unterschlug man großmütig, dass das Amüsement darin bestand, von Vater bei jedem Wetter, auch wenn es sich alles andere als freundlich zeigte, ein kräftiger Wind vom See her blies und es vom Himmel drippelte, durch den tropfnassen Wald geschleppt zu werden, um seine einmaligen Bäume zu besichtigen. Auch hielt Vater es in dieser Jahreszeit für geboten, die gedankenlose Verschwendung von Holz und Kohle ein wenig zu drosseln, und so wurden nur noch Wohnzimmer und Gästezimmer geheizt, während sich im restlichen Haus eine feuchte Kälte ausbreitete und der Gast bei den Mahlzeiten im Esszimmer vor sich hin bibberte. Vater meinte, wenn er zum Baden im See das Eis nicht mehr aufhacken musste, seien die Temperaturen schon fast sommerlich.

Der einzige Gast, der im April bis zum letzten Tag der angekündigten drei Wochen blieb und noch dazu, was Abhärtung und spartanische Lebensweise betraf, in Vaters Horn tutete, war Tante Herta. Trotzdem sprühte Vater nicht gerade vor Begeisterung, denn sie ging ihm mit ihrem Kräutertick ziemlich auf die Nerven. Aber er nahm doch mit Wohlwollen zur Kenntnis, dass sie der nächste Besuch sein würde.

«Ordentliche Person», sagte er, «mit sehr vernünftigen Ansichten. Und mit allem zufrieden. Sie wird ja wie immer ganz mit ihren Kräutern beschäftigt sein.»

«Zu viel», sagte Mutter. «Ich hoffe, sie verschont uns dieses Jahr mit ihrer genialen Frühjahrskur und verdirbt uns nicht jedes Essen mit Löffelkraut. Sogar an den Brotteig hat sie das Zeug getan.»

«Nun ja», sagte Vater, «es schmeckte wirklich sehr eigenartig.»

«Scheußlich hast du damals gesagt», erinnerte ihn Mutter.

Vater erlaubte Billi gnädig, die Tante von der Kleinbahn abzuholen.

«Mit den Füchsen?», fragte mein Bruder begierig.

«Nein, mit der Liese», sagte Vater. «Die muss viel öfter bewegt werden.»

Mein Bruder zog einen Flunsch. Nicht, weil er das alte Pferd gering schätzte, aber die Schnellste war sie nun wirklich nicht mehr und blieb oft stehen, sah sich ein bisschen in der Gegend um und stieß ein entsagungsvolles Prusten aus, ehe sie sich wieder in Gang setzte.

Wie meist, wenn wir zur Kleinbahn fuhren, goss es in Strömen, und ein völlig durchnässter, missgelaunter Junge kam mit einer recht aufgekratzten Tante zurück, die es unter ihrem aufgespannten Schirm sehr viel trockener gehabt hatte. Auf der Treppe vor dem Haus wurde sie nicht nur von uns, sondern auch von Möpschen empfangen, der mit seinem Kochlöffel in der Schnauze mehr denn je einem überdimensionalen Breitmaulfrosch glich und seine geliebte «Zuckerschnecke», Tante Hertas Dackel, freudig begrüßte.

«Bisschen nass geworden, der Junge!», rief die Tante vergnügt. «Aber Frühlingsregen ist gesund, da wächst man!»

Wir hatten, dem familiären Anlass entsprechend, nicht gerade unser Bestes an, aber gegen Tante Herta waren wir direkt großstädtisch gekleidet. Unter ihrem ziemlich abgewetzten, betagten Lodencape kam etwas Giftgrünes, sehr weitmaschig Gestricktes hervor und darunter ein Kleid, dessen unbestimmte Farbe und Form für seine Unverwüstlichkeit sprachen. An den Füßen trug sie Schnürstiefel, die in Breite und Länge den Siebenmeilenstiefeln in unseren Märchenbüchern glichen. Sie hatte uns in einer wundervollen Glasdose selbst gekochte Kräuterbonbons mitgebracht, aber nicht einmal den ersten lutschten wir zu Ende. Sogar die nicht allzu wählerischen Pferde spuckten die Bonbons wieder aus, und Tante Hertas Dackel schnappte wütend nach uns, als wir ihm einen davon unter die Nase hielten.

Tante Herta gehörte zu den angenehmen Gästen, die sich gut allein beschäftigen konnten, denn sie war dauernd unterwegs, immer auf der Suche nach geeigneten Kräutern gegen vielerlei Leiden, Veilchen zum Gurgeln bei Halsentzündung, Schluckbeschwerden und Mundfäulnis, Minze und Brennnesseln zum Trinken bei Keuchhusten, Bronchialkatarrh und Husten. Allerdings brachte sie unseren Tageslauf total durcheinander, weil Blüten nur morgens, bevor sie sich öffneten, geerntet werden durften, das hieß, immer zur Frühstückszeit, und die grünen Pflanzenteile über Mittag zwischen zwölf und drei, also immer dann, wenn es Mittagessen geben sollte oder Vater sein Nickerchen auf dem Sofa im Wohnzimmer machte. Auch wuselte sie dauernd in der Küche herum, um all den Veilchensud, Brennnesselsaft und Huflattichsirup zu kochen. Mamsell ließ sich das erstaunlich lange gefallen, wohl weil irgendeines dieser Kräuter, mit denen sie von Tante Herta beglückt worden war, tatsächlich verdauungsfördernd gewirkt hatte. Aber dann empfahl ihr die Tante, große Mengen von einem Gebräu aus Birkenblättern, Brennnesseln und Löwenzahn zu trinken, um ihren Winterspeck loszuwerden, denn Mamsell habe doch, das müsse sie ihr mal in aller Ehrlichkeit sagen, ganz schön zugelegt, was aber natürlich bei jemandem, der dauernd abschmecken müsse, sehr verständlich sei. Mamsell sprach dem Tee, wenn auch mit Todesverachtung, denn er schmeckte, wie er roch, reichlich zu und lobte seine «wasserziehende» Wirkung. Nach zwei Tagen aber bekam sie einen solchen Appetit, dass sie in einer Woche drei Pfund zunahm. Von Stund an war Tante Herta in der Küche kein gern gesehener Gast mehr, und Mamsell warf selbst das verdauungsfördernde Kraut in den Mülleimer.

Aber Tante Hertas Besuch neigte sich sowieso dem Ende zu, und sie rüstete sich zur Abreise, jede Menge getrocknete Veilchen und Gänseblümchen, Brennnesselsaft und Huflattichsirup im Gepäck. Vater brachte sie persönlich zur Bahn, natürlich mit den Füchsen. Mein Bruder erinnerte ihn daran, dass die Liese viel öfter bewegt werden müsse.

«Stimmt, mein Junge», sagte Vater. «Du kannst mit ihr morgen zur Mühle fahren und Mehl holen.»

Huflattichsirup

Huflattich ist einer der ersten Frühlingsboten; er blüht von Februar bis April. Die Blätter sind hufeisenförmig – deshalb der Name. Die Blüten sind gelb, etwas kleiner als Löwenzahn und haben ein apartes Aroma. Die Blätter sprießen nach der Blüte und wurden ebenfalls für Sirup und als Tabakersatz verwendet. Der Blütensirup ist eine aromatische Grundlage für Limonaden, Süßspeisen und Gelees. Er hilft außerdem gegen Husten.

Zutaten für ca. 1 Liter:

250 g frisch gesammelte Huflattichblüten	1 unbehandelte Zitrone oder 1 TL Zitronenzucker
3/4 l Wasser	1 kg Zucker

Die Blütenköpfchen verlesen und nur ganz kurz waschen, in ein Küchentuch legen und trocken schütteln. Die Zitrone waschen, in Scheiben schneiden, mit den Blüten ins Wasser geben und zum Kochen bringen. Den Deckel auflegen und bei kleiner Hitze eine halbe Stunde ziehen lassen. Dann den Sud durch ein Mulltuch gießen, mit dem Zucker mischen und wieder zum Kochen bringen. Etwa 1 1/2 Stunden kochen, bis ein dicker Sirup entsteht (auf dem Zuckerthermometer etwa 105 Grad). Heiß in eine getönte Glasflasche füllen, zuschrauben oder mit einem Korken verschließen. Kühl und dunkel aufbewahren.

Kräuterremoulade

Sie wurde zu Sülzen, kaltem Fleisch und Fisch gereicht. Im Winter kamen klein gewürfelte Gewürzgurken oder Kapern dazu. Doch im Frühling nahm man natürlich frische Kräuter.

Zutaten für ¼ Liter:

2 Schalotten	5–6 EL Salatöl
1 kleines Bund glatte Petersilie	2 EL Senf
einige Stengel Estragon	3–4 EL Weinessig
1 Bund Kerbel	Salz
3 Sardellen	weißer Pfeffer
4 hart gekochte Eigelbe	1 Prise Zucker
1 TL Kapern	3–4 EL Fleischbrühe oder Aspik

Die Schalotten schälen und sehr fein würfeln. Kräuter waschen, Blättchen abzupfen und fein hacken. Sardellen abwaschen, trocken tupfen und durch ein feines Sieb streichen. Eigelbe ebenfalls durch das Sieb streichen. Kapern fein hacken. Eigelbe mit Sardellen, Öl, Senf, Essig und den Gewürzen kremig rühren, Kräuter, Zwiebeln und Kapern unterziehen. So viel Brühe unterziehen, dass die Remoulade eine kremige Konsistenz hat. Bis zur Verwendung kühl stellen.

WIESENKRÄUTERSALAT

Rohe Salate waren früher nicht sehr beliebt und verbreitet. Sicher hatte das teilweise mit dem recht herben, ausgeprägten Geschmack der Pflanzen zu tun, der heute durch Züchtung stark gemildert ist. Außerdem gab und gibt es viele unverträgliche, ja giftige Kräuter – die Angst davor mag das Misstrauen zusätzlich geschürt haben. Kurz: Nur Gekochtem traute man. Doch schon in den zwanziger Jahren gab es Reformbewegung und Gesundheitsbewusstsein. Neben Turnen und Kneipp'schen Güssen kam auch Rohkost in Mode. Das Dressing war in jedem Fall wenig abwechslungsreich: Essig, Öl, Salz und Pfeffer – basta.

ZUTATEN FÜR 4 PERSONEN:

je 1 Bund Sauerampfer,	1 Bund Schnittlauch
Löffelkraut (ersatzweise Rauke),	4 EL Salatöl
Löwenzahn	1–2 EL Weinessig
1 kleiner Kopfsalat	Salz, Pfeffer
3–4 Stiele Borretsch	1 Prise Zucker

Die Kräuter gründlich waschen, die harten Stiele abknipsen. Salat putzen, Blätter ohne Rippen in mundgerechte Stücke teilen, ebenfalls waschen. Beides gut abtropfen lassen oder in einer Serviette trocken schütteln. Borretschblättchen hacken, Schnittlauch in Röllchen schneiden. Öl, Essig und Gewürze verrühren, Kräuter unterziehen und mit dem übrigen Salat vermischen, in einer Salatschüssel anrichten.

Kräutersosse

Diese Soße wurde zu gekochtem Fisch, zu Ei und zu Spargel gereicht. Im ursprünglichen Rezept wurden die Kräuter gekocht, in kaltem Wasser abgekühlt, mit Butter fein zerstoßen und durch ein Haarsieb gestrichen. Diese Prozedur wollen wir heute lieber nicht mehr empfehlen. Bindung gibt geriebenes Weißbrot – eine gute Resteverwertung.

Zutaten für 4 Personen:

je 2 Bund Kerbel, Schnittlauch, Petersilie, Pimpinelle
2 Schalotten
2 EL Butter

300 ml Brühe
2–3 EL geriebenes Weißbrot
200 g Sauerrahm 20 % Fett
Salz, Pfeffer
geriebene Muskatnuss

Die Kräuter waschen, Blättchen abzupfen und sehr fein wiegen. Schnittlauch in feine Röllchen schneiden. Schalotten abziehen und in sehr feine Würfel schneiden. Schalottenwürfel in der Butter andünsten. Mit der Brühe angießen, Weißbrotwürfel zugeben und 5 Minuten leicht kochen lassen. Dann die Kräuter und den Sauerrahm unterziehen und weitere 5 Minuten leise kochen lassen. Mit Salz, Pfeffer und Muskat abschmecken.

Grüne Frühlingssuppe

Die milde Bindung kommt von den Kartoffeln, die auch den Wildkräutern die Herbheit nehmen. Zusätzlich wurde Tapioka eingerührt. Das war die früher übliche Speisestärke, die aus Tapiokawurzeln gewonnen wurde.

Zutaten für 4 Personen:

300 g mehlige Kartoffeln   Salz, Pfeffer
1,5 l kräftige Fleischbrühe   1 TL Speisestärke
je 50 g Sauerampfer, Spinat (oder   2 Eigelb
    Brennnesselspitzen) und Kerbel   0,1 l süße Sahne
1 EL Butter

Die Kartoffeln waschen und schälen. Klein schneiden und in der Brühe bei geöffnetem Deckel in etwa 15 Minuten weich kochen. In der Zwischenzeit die Kräuter waschen, verlesen und die harten Stiele abknipsen. Die Blätter feinnudelig schneiden und in der Butter einige Minuten dünsten, bis sie zusammenfallen. Mit Salz und Pfeffer würzen. Die Suppe durch ein Sieb streichen. Stärke mit einigen Löffeln Wasser anrühren, in die Suppe geben und alles nochmals 10 Minuten leicht kochen lassen. Die Eigelbe mit einem Löffel Wasser verrühren. Die Sahne halb steif schlagen. Zunächst die Kräuter in die Suppe geben und erhitzen. Dann löffelweise die heiße Suppe unter die Eigelbe ziehen; ist die Mischung warm, ganz in die Suppe rühren, aber nicht mehr kochen lassen. Sahne unterziehen, abschmecken und servieren. Dazu passen geröstete Brotwürfelchen.

6

Die Osterüberraschung

Mochte auch die Verwandtschaft unserem Forsthaus im April wenig Reize abgewinnen, so war dieser Monat für uns doch von zwei großen Ereignissen geprägt: Konfirmation und Ostern. Aus unserem Dorf wurde in diesem Jahr nur Martel konfirmiert, die, während sie die Ziege molk, die Kaninchen fütterte und das Brennholz packte, fieberhaft die mühevoll auswendig gelernten zehn Gebote vor sich hin brabbelte. «Du sollst den Namen des Herrn, deines Gottes, nicht unnützlich führen; denn der Herr wird den nicht ungestraft lassen, der seinen Namen missbraucht.» Und gerade diesen Missbrauch trieben wir leider sehr häufig. «O Gott», rief Mamsell, «die Milch kocht über!» – «Gott, bist du dämlich», sagte mein Bruder zu mir. Und: «O Gott!», rief Martel verzweifelt nach einer halben Stunde. «Das merke ich mir nie!» Aber der Pastor war ein strenger Hirte und drohte, jeden, der sich nicht genug angestrengt hatte, durch die Prüfung fallen zu lassen. Diese Schande war zwar noch niemandem widerfahren, aber, so sagten sich die Konfirmanden, es gibt immer ein erstes Mal.

Martel, mit dicken Zöpfen, einer Himmelfahrtsnase, lustigen Augen und einem Mundwerk ausgestattet, das selbst Mamsell die Sprache verschlug, kam verängstigt in unsere Küche geschlichen und bat um Tante Hertas speziellen Beruhigungstee, von dem sie so viel trank, dass sie auf dem Küchenstuhl fast einschlief. Aber natürlich ging alles gut, dem Gang zum Altar stand nichts mehr im Wege und auch nicht dem zum Fotografen. Im schwarzen Konfirmationskleid, das von nun an bis zur Hochzeit zu allen festlichen Gelegenheiten getragen wurde, und mit weit aufgerissenen Augen blickte Martel dem Besucher aus einem Zierrahmen in der großen Stube entgegen. In dieser Stube fand auch das Festmahl mit Streusel-, Zucker- und Napfkuchen, zweierlei Fleisch und Gemüse und reichlich Bier statt, zu dem auch wir Kinder geladen waren, während sich Mutter und Vater nach einem kurzen Gratulationsumtrunk verabschiedet hatten. Wir aßen wie die Scheunendrescher, als wenn wir zu Hause nur Brot und Wasser bekämen, und hatten mit unseren vollen Bäuchen eine unruhige Nacht.

Für die vierzehnjährige Martel war mit der Einsegnung die Kindheit vorbei. Sie ging in Stellung, und wenn sie sich herabließ, überhaupt noch mit uns zu sprechen, tat sie es im Ton einer gütigen, aber strengen alten Tante. Meine Schwester und ich beneideten sie insgeheim und malten uns aus, wie unnahbar und würdig wir sein würden, wenn wir endlich vierzehn waren.

Auch in der Verwandtschaft gab es etliche Konfirmanden. Ich hatte zwölf Vettern und elf Kusinen ersten Grades, und mindestens einer war immer soweit. Aber meist waren es die Eltern, die an den Konfirmationen teilnahmen, und nur manchmal durften wir mit. Doch im Grunde blieb ich lieber zu Hause, zumal wenn ich mit Mamsell und den Mädchen ganz allein war, denn dann war ich die Hauptperson. Vor den Besuchen bei den Verwandten aber graulte ich mich. Nach der Überschaubarkeit unseres Hauses empfand ich die Riesenschlösser als etwas Bedrohliches, und vor allen Dingen ängstigten mich die endlosen verwinkelten und düsteren Gänge. Wachte ich nachts in meinem viel zu großen Bett auf, wusste ich oft nicht, wo ich mich befand, und wenn ich dann aus dem Bett kroch, um nach dem Lichtschalter zu suchen, verlor ich die Orientierung völlig. Die Mahlzeiten im Speisesaal dauerten ewig, und der servierende Diener warf mir jedes Mal einen missbilligenden Blick zu, wenn mir die Serviette von den Knien rutschte. Neben meinem Teller lag meist noch ein silberner Schieber, was mich sehr kränkte, denn ich aß bereits mit Messer und Gabel und brauchte so einen Babykram nicht mehr. Da aber meine Mutter sehr viel später als ihre Geschwister geheiratet hatte, war ich überall die Jüngste und traute mich deshalb nicht zu protestieren. In späteren Jahren sollte sich meine Einstellung zu diesen Besuchen ändern, und ich genoss es, wenn der Kutscher, der mich von der Bahnstation abholte, mit der Bogenpeitsche salutierte. Ich fand alles wundervoll und mein Elternhaus eher schofelig. Das hätte ich allerdings niemals zugegeben, sondern ich hörte widerspruchslos zu, wenn man sich über die snobistischen Allüren mancher Familienmitglieder mokierte.

Wir «kleinen Wilden» galten als besonders gut erzogen. Selbstverständlich standen wir jedes Mal auf, wenn ein Erwachsener das Zimmer betrat, flitzten zur Tür, wenn jemand hinausgehen wollte, hielten Rauchern, die nach ihren Streichhölzern suchten, blitzschnell eine brennende Kerze unter die Nase, so dass sie erschrocken zurückfuhren, rührten kein Besteck an, bevor es die Hausfrau nicht tat, passten bei Tisch auf wie die Luchse, dass die Nachbarn rechts und links gut versorgt waren, und wenn uns jemand Süßigkeiten schenkte, boten wir sie sofort jedermann an, obwohl uns das Herz blutete. Und selbstverständlich hielten wir den Mund, wenn wir nicht gefragt wurden. Nur in der Küche, unserem bevorzugten Ort, fanden wir unsere Sprache wieder und mussten ab und zu ermahnt werden, auch hier mal die Klappe zu halten.

Natürlich sonnten wir uns in unserer Vortrefflichkeit, dabei war gute Erziehung damals eigentlich kein Thema. Dass Kinder sich nicht wichtig machten, setzte man einfach voraus. Sie standen in der Hierarchie sowieso an unterster Stelle und waren nicht als Individuen, sondern immer nur als ein Teil von den Erwachsenen interessant. «Kuck doch, der Gang, genau wie Agnes!» – «Diese Nuschelei – muss das Kind von seinem Vater haben.» – «Nun sieh dir Ottos Jungen an, zupft sich dauernd an der Nase. Seine Großmutter hatte denselben Tick.» Und: «Ein bisschen nah am Wasser gebaut, das Kind, genau wie Alice. Na, ist ja auch ihre Nichte.» Unter so vielen beobachtenden und kritischen Blicken fühlte sich Mutter plötzlich bemüßigt, dauernd an uns herumzunörgeln, was sie zu Hause nie tat. «Kippel nicht mit dem Stuhl, setz dich anständig hin, heb die Füße, latsch nicht so übern großen Onkel.»

Wie schön war es da doch mit Mamsell und den Mädchen allein zu Hause! Ich konnte gemütlich in der Küche essen und bekam meine Lieblingsgerichte. Und am Abend spielte Mamsell mit mir «Schwarzer Peter» oder «Fang den Hut». Sie gruselte mich angenehm mit wahren und erfundenen Schauer- und Katastrophengeschichten, die sie in ihren vorangegangenen Stellungen erlebt hatte – von Kindern, die an Diphtherie starben, durch die Küche schießenden Kugelblitzen und von Geistern, die nachts durch die Gänge wimmerten.

Vater schien ähnlich wie ich zu denken. Er war froh, wenn er wieder in seinem eigenen Bett schlafen konnte, und schenkte jedem von uns einen Groschen für das Sparschwein. Das litt an chronischer Magersucht, und so konnten wir uns nur selten eine Flasche Malzbier oder Himbeerbrause von Frau Trägenapps kleinem Ausschank holen und mussten uns diese herrlichen Getränke auch noch zu dritt teilen.

Taschengeld bekamen wir selbstverständlich nicht. Ab und zu drohte eine Diskussion darüber bei Tisch aufzuflammen, die aber von Vater im Keim erstickt wurde. Er konnte sich über unsere Forderung gar nicht genug wundern. «In euerm Alter? – Kind, iss! – Da müsst ihr erst noch ein bisschen wachsen.» Geld gab es nur, wenn wir etwas Nutzbringendes taten, ihm beim Pflanzen und Gießen halfen, für ihn Zigarren aus unserem Gasthaus «Perle des Westhavellandes» holten oder stundenlang hinter den Pferden, die den Göpel für die Dreschmaschine zogen, im Kreise trabten.

Wie in jeder Familie hatte auch bei uns alles sein festes Ritual, an dem nichts geändert werden durfte. Das galt natürlich auch für die Osterzeit. Selbst die Natur hielt sich daran und schickte das übliche Regen- und Schneegemisch vom Himmel, so dass uns wie immer die Frage bewegte: Ostereiersuchen drinnen oder draußen? Mutter war prinzipiell für drinnen. Sie hatte uns nicht österlich mit offenen Haaren, Samtkleidchen und beigen Spangenschuhen geschmückt, damit wir im Matsch herumpatschten und unter triefende Büsche krochen. Aber erst einmal musste Moos aus dem Wald geholt werden. Dann bauten wir, der Tradition entsprechend, im Bienenschauer, einem offenen Schuppen, in dem früher einmal Bienenkörbe gestanden hatten, mit großer Sorgfalt Nester für den Osterhasen. Natürlich glaubte keines von uns Kindern mehr an ihn, obwohl ich, das Baby der Familie, dauernd gefragt wurde: «Na, nicht doch ein bisschen?» Eine außerordentlich kränkende Frage, wie ich fand. Trotzdem konnte ich mir nicht erklären, wie die Eier in die Nester kamen, denn so früh ich auch aufstand und ins Esszimmer schlich, von wo aus man einen Blick auf den Bienenschauer hatte, es gelang mir nie, einen der Erwachsenen dabei zu ertappen, wie er sich an den Nestern zu schaffen machte.

Zum Osterritual gehörte auch, das leer gegessene Frühstücksei umzudrehen und es mit der Frage: «Möchte jemand noch ein Ei?» den anderen anzubieten, der Hinweis, die Standuhr werde sicher gleich stehen bleiben, sie ticke schon so komisch, und Vaters Frage, wenn er nach seinem morgendlichen Bad im See händereibend am Frühstückstisch erschien: «Wisst ihr, wem ich eben begegnet bin?» – «Dem Osterhasen!», riefen wir dann im Chor, und er konnte nicht genug darüber staunen, wie neunmalklug wir doch wieder mal waren.

Besagter Hase begann bereits in der Karwoche unsere Nester zu füllen, wobei das Wort «füllen» nicht ganz am Platz ist. Ein kleines Ei, allerhöchstens zwei, oft raffiniert im Moos versteckt, waren die Beute, vorausgesetzt, wir waren schneller als Möpschen, was noch mehr Spannung ins Spiel brachte. Auch das Huhn Mathilde sorgte hin und wieder für Überraschungen, indem es sein Ei in eines der Nester platzierte. Das wurde dann beim Färben mit den preußischen Farben Schwarz und Weiß besonders geehrt.

Das Färben und Bemalen der Eier war unser Privileg, was Mamsell nur ungern sah. «Ihr versaut mir bloß wieder die ganzen Küchenhandtücher!» Ein Teil der Eier wurde gefärbt und hinterher mit Speckschwarte abgerieben. Den Rest bemalten wir mit Tuschebildern, die allerdings nicht gerade von unserer strotzenden künstlerischen Begabung zeugten. Meinen akribisch der Natur nachempfundenen Osterhasen hielt Vater für eine Männchen machende Maus, und ein meiner Schwester, wie wir fanden, besonders gut gelungenes Konterfei von ihm lobte er als hübsche Kasperlefigur. Unter ein paar leere Eierschalenhälften klebten wir silbrig gefärbte Erbsen als Füße, füllten das

Ganze mit Schneeglöckchen und stellten es als Blumenschmuck auf den Esstisch. Einige Eier durften von uns ausgepustet und an Forsythienzweigen aufgehängt werden. Doch die Kunst des Auspustens beherrschten wir sehr mangelhaft, und so gingen zu Mamsells Missbilligung mehr Eier kaputt, als schließlich an den Zweigen hingen.

Nach dem Vergnügen mit den Eiern harrten unserer aber auch Pflichten. Die Straße vor dem Haus musste geharkt und der Schuppen auf dem Hof, in dem wir gern unseren ganzen Krimskrams wie unbrauchbare Flitzbogen, kaputte Angeln, geschnitzte Stecken und zerbrochenes Spielzeug horteten, aufgeräumt werden.

Die wichtigste Dekoration für das ostersonntägliche Frühstück war ein etwa 30 Zentimeter großer Osterhase aus Pappmaché, umringt von vier kleineren, ihm exakt nachgebildeten Hasen. Er hatte samt Gefolge seinen Stammplatz auf einem großen, mit grün gefärbter Holzwolle bedeckten silbernen Tablett und sah uns, durch zurückliegende trübe Erfahrungen gewarnt, ängstlich beim Frühstück zu. Denn irgendein Unfall ereilte ihn immer, mal brach eine Pfote ab, weil mein Bruder seinen Serviettenring darüber gehängt hatte, mal verlor er durch ein viel zu schweres Ei in seiner Kiepe das Gleichgewicht und kippte auf den Pflaumenmustopf, was ihn fast den Kopf kostete. Glücklicherweise hatte sich mein Bruder nach diesem Unfall als großer Bastler bewährt, Kopf und Rumpf mit Leukoplast wieder zusammengefügt und ein goldenes Band aus Mutters Weihnachtsschmuckvorräten darüber gewickelt, so dass der Osterhase noch festlicher wirkte als vorher. Er und seine Untertanen blieben uns treu bis zur Flucht, dann verschwanden sie aus unserem Leben.

Die Ostereier waren – «draußen oder drinnen?» – gefunden und größtenteils gegessen. Die gezuckerten, die mit ihrem gelben Dotter

wie ein durchgeschnittenes Ei aussahen, mochten wir besonders. Nun
lümmelten wir uns satt und träge im Wohnzimmer herum, bis auf
meinen Bruder, den es schon wieder zum Wasser gezogen hatte. Nach
einer Stunde kam er vom Havelländischen Hauptkanal zurück. «Wisst
ihr, wem ich begegnet bin?», fragte er, Vater imitierend.

«Dem Osterhasen», antworteten wir gelangweilt.

«Falsch.» Er zog seine rechte Hand, die er hinter dem Rücken
verborgen hatte, hervor und hielt uns triumphierend etwas unter die
Nase. Wir wichen voller Abscheu zurück. Es war eine Wollhandkrabbe,
und Vater rief entsetzt: «Junge, das ist ja vielleicht eine Osterüber-
raschung!» Die Wollhandkrabben nämlich waren für die Fische in der
Havel ebenso schlimm wie die Rüsselkäfer für Vaters Wald.

NAPFKUCHEN

Er wurde mit Hefe und einer Menge Butter gebacken. Mit Kolonialwaren wie Rosinen, Zitronat oder Mandeln, auch mit Zucker, ging man dagegen sparsamer um als heute – diese Dinge mussten schließlich zugekauft werden. Die Ausmaße des Kuchens waren riesig, denn die Familien waren ja entsprechend groß. Sie können auch die halbe Menge Teig in einer kleineren Form backen – die Backzeit reduziert sich dann um etwa 15 Minuten. Übrigens: Der Napfkuchen ist ursprünglich der elsässische Guglhupf, den die Hugenotten nach Preußen brachten.

ZUTATEN FÜR EINE 3-LITER-NAPFKUCHENFORM:

40 g Hefe	abgeriebene Schale 1 Zitrone
etwa ⅛ l Milch	100 g Rosinen
500 g Mehl	60 g Korinthen
250 g Butter	2–3 EL Zitronat
2 Eier	2–3 EL fein gehackte, süße Mandeln
4 Eigelb	6 geriebene bittere Mandeln
100 g Zucker	Butter und Mehl für die Form
1 Prise Salz	Puderzucker zum Bestäuben

Die Hefe zerbröseln. Die Milch erwärmen, die Hälfte in ein Glas geben und die Hefe darin auflösen. Das Mehl in eine Schüssel geben, in die Mitte eine Kuhle machen, Hefemilch hineinrühren, bis ein Brei entsteht. An einem warmen Ort 15 Minuten gehen lassen.

Inzwischen die Butter zerlassen, aber nicht zu heiß werden lassen. Die

Eier und die Eigelbe unter die Butter rühren. Das Mehl mit dem Vorteig, der restlichen Milch, Zucker, Salz, Zitronenschale und Eierbutter verrühren. So lange rühren und schlagen, bis der Teig blasig wird und nicht mehr klebt. Zugedeckt eine halbe Stunde an einem warmen Ort gehen lassen. Inzwischen die Rosinen und Korinthen heiß waschen, trocken tupfen, das Zitronat hacken. Rosinen, Korinthen, Zitronat und die übrigen Zutaten unter den Teig kneten. Die Form einfetten und ausmehlen, den Teig einfüllen. Nochmals etwa 1 Stunde gehen lassen, bis er sein Volumen verdoppelt hat. Den Backofen auf 180 Grad anheizen. Den Napfkuchen auf die untere Schiene schieben und etwa 1 Stunde backen. Bei geöffneter Backofentür etwas abkühlen lassen, dann stürzen. Mit Puderzucker bestäuben.

Tipp: Sie können die bitteren Mandeln durch 1 Tropfen Bittermandelöl oder einen Schuss Cognac ersetzen.

Zuckerkuchen

Zutaten für 1 Backblech:

150 g Butter
1 Ei
⅛ l Milch
500 g Mehl
2–3 EL Zucker
40 g Hefe

Für den Belag:
120 g grober Zucker
2 TL Zimtpulver
120 g Butter

Die Butter schmelzen, leicht abkühlen lassen, dann mit dem Ei und der Hälfte Milch verrühren, unter das Mehl und den Zucker arbeiten. Die Hefe in der übrigen Milch auflösen, unterkneten und den ganzen Teig bearbeiten, bis er nicht mehr klebt und blasig wird. Zugedeckt an einem warmen Ort stehen lassen, bis er um die Hälfte aufgegangen ist. Dann ein Blech fetten und mehlen, den Teig darauf bis an alle Ränder drücken, dabei einen kleinen Wulst lassen. Den Kuchen mit Hagelzucker und Zimt bestreuen. Die Butter in Flöckchen darauf verteilen und den Kuchen nochmals 30 Minuten gehen lassen. Den Backofen auf 180 Grad vorheizen. Den Kuchen im heißen Ofen auf der mittleren Schiene 20–25 Minuten goldgelb backen. Schmeckt am besten warm!

SCHMORBRATEN MIT SCHLOSSKARTOFFELN UND GEMÜSE

Kälber wurden auf dem Lande selten gegessen – das war ein Luxus. Stattdessen ließ man die Ochsen auf der Weide, bis sie schlachtreif waren. Das Fleisch war oft nicht butterzart – und wurde deshalb weich geschmort. Am besten schmeckt der Schmorbraten mit Bio-Fleisch von Rindern, die auf der Weide waren. Lassen Sie sich die Fehlrippe zum Schmorstück binden: Das ergibt einen besonders saftigen Braten.

ZUTATEN FÜR 8 PERSONEN:

2 kg gut abgehangener	2 Lorbeerblätter
Rinderbraten (am besten aus der	4 Nelken, 4 Pimentkörner
entbeinten Fehlrippe gebunden,	1/8 l Fleischbrühe
Knochen extra dazu)	2–3 EL Essig
Salz, Pfeffer	1 EL Butter
50 g fetter Speck	1 EL Mehl
3–4 Zwiebeln	1 TL Zucker
2 Möhren	1 EL Senf
2 EL Butter	

Das Fleisch rundherum mit Salz und Pfeffer einreiben. Den Speck in Scheiben schneiden. Zwiebeln abziehen und klein würfeln, Möhren waschen und grob raspeln. Die Butter in einem flachen Topf mit dicht schließendem Deckel zerlassen, den Speck darin glasig angehen lassen. Dann die Knochen zugeben, anbraten und den Braten rundherum kräftig rösten. Die

Knochen und den Speck herausfischen. Die Knochen in einen Extratopf geben. Zum Braten die Hälfte Möhren und Zwiebeln zugeben, kurz anrösten, dann die Hälfte Gewürze, 1 Tasse Wasser, etwas Salz und Essig zugeben. Den Deckel auflegen, eventuell mit einer Klemme festklemmen (vielleicht finden Sie noch so eine Topfklemme in Großmutters Küchenschrank – sie verhindert das Verdampfen der Flüssigkeit) und 2 Stunden bei mittlerer Hitze schmoren. Alle 15 Minuten kurz öffnen, wenn nötig etwas Flüssigkeit zufügen.

Inzwischen die Knochen mit gut ½ Liter Wasser, den restlichen Zwiebeln, Karotten, Salz und Gewürzen aufsetzen und 1 Stunde kochen. Durch ein Sieb gießen. Butter zerlassen, mit Mehl und Zucker braun schwitzen, mit der Brühe angießen und 1 Stunde leise kochen lassen.

Den Braten aus dem Topf heben, Fond mit 1 Tasse Wasser loskochen, durch ein Sieb gießen, Gemüse leicht durchdrücken und mit der braunen Soße wieder in den Schmortopf geben. Den Braten nochmals 20 Minuten darin schmoren, dabei mit der Soße übergießen. Nochmals abschmecken, mit Schlosskartoffeln oder Kartoffelklößen (Seite 26) und Apfelmus auftischen.

Schlosskartoffeln

Klingen pompös, sind aber eigentlich sehr sparsam. Denn mit den Bröseln wird altbackenes Brot edel verwertet, und die Kartoffeln sättigen mehr als pur.

Zutaten für 8 Personen:

1,5 kg kleine Kartoffeln	80 g Butter
Salz	100 g Semmelbrösel

Die Kartoffeln waschen, in Salzwasser garen, pellen und leicht salzen. Butter in einer großen Pfanne schmelzen, Semmelbrösel zugeben und goldbraun rösten. Die Kartoffeln darin schwenken und zu Tisch geben.

Möhren und Erbsen

Frisches Gemüse war im April noch rar – abgesehen von Morcheln und Kräutern, und die wurden im Dorf nicht so sehr geschätzt. Aber neben eingesalzenem Kraut, Gurken und Kürbis süßsauer wurde Gemüse ja eingeweckt und bei besonderen Gelegenheiten aufgetischt. Das entspricht in Konsistenz und Geschmack in etwa unseren Gemüsekonserven.

Zutaten für 8 Personen:

2 EL Butter	1 Prise Zucker
1 EL Mehl	Salz, geriebene Muskatnuss
2 Gläser Karotten und Erbsen	4 EL gehackte Petersilie
4–5 EL süße Sahne	

Butter zerlassen, das Mehl darin hellgelb anschwitzen. Mit 1 Tasse Gemüsesud angießen und unter Rühren aufkochen lassen. Eine Viertelstunde leicht kochen, dann das Gemüse abtropfen und in der Soße heiß werden lassen. Sahne zugeben und alles mit Zucker, Salz und Pfeffer abschmecken. Mit Petersilie bestreut anrichten.

Glasierter Schweinebraten

Zutaten für 8 Personen:

2 kg Schweineschulter mit Schwarte
Salz, Pfeffer
2 Zwiebeln
2 Lorbeerblätter
3 Nelken
250 g Möhren
1 dicke Stange Porree

200 g Knollensellerie
1 TL Kümmel
je 1 TL Pfeffer- und
 Senfkörner
ca. 600 ml dunkles Bier
2 EL Sirup
2 EL Essig

Den Backofen auf 220 Grad vorheizen. Die Schwarte kreuzweise einritzen (vielleicht schon vom Schlachter machen lassen), dann den Braten von allen Seiten mit Salz und Pfeffer einreiben. In einen großen Bräter fingerhoch Salzwasser geben. Braten (Schwarte unten) in den Bräter geben, im heißen Ofen 45 Minuten anbraten.

Zwiebel schälen, mit Lorbeerblatt und Nelke spicken. Möhren, Porree und Sellerie waschen, putzen und würfelig schneiden. Gemüse um den Braten legen, Kümmel, Pfeffer- und Senfkörner einstreuen und mit etwa ¼ l dunklem Bier (ersatzweise auch Weizenbier) angießen. Dann den Braten wenden und weitere 90 Minuten bei 200 Grad garen, dabei das Fleisch nach und nach mit dem restlichen Bier begießen (so wird die Schwarte schön knusprig). In den letzten 15 Minuten Essig mit Sirup und etwas Wasser verrühren und die Kruste damit bestreichen.

Das Fleisch aus dem Bräter heben, Gemüse und Soße abgießen. Fleisch warm stellen. Gespickte Zwiebeln aus dem Gemüse fischen. Soße samt

Gemüse durch ein feines Sieb streichen. Kräftig abschmecken und zum Fleisch servieren.

Tipp: Sie können auch Fleischbrühe statt Bier verwenden. Wird die Schwarte zu dunkel, mit Alufolie (blanke Seite unten) abdecken.

Zitronen-Fondanteier

Sie sehen aus wie Spiegeleier im Kleinformat, aber sie sind aus purem Zucker und ganz einfach selbst zu machen. Zuckersirup wird geschlagen, bis er Kristalle bildet, gelbe Färbung gibt Safran. Diese Prozedur ist anstrengend und langwierig – aber lohnend.

Zutaten für etwa 300 Gramm:

500 g Zucker	2 EL Traubenzucker
3 EL Zitronensaft	1 Döschen Safranpulver
100 ml Wasser	100 g Zartbitter-Kuvertüre

Den Zucker mit Zitronensaft, Wasser und Traubenzucker in einem Topf zum Kochen bringen und zum Sirup (weicher Ballgrad, ca. 120 Grad Zuckerthermometer) kochen. So stellen Sie fest, ob der Sirup die richtige Temperatur hat: Den Topfboden in kaltes Wasser senken, um den Vorgang abzubrechen. Dann etwas Sirup in eine Schüssel eiskaltes Wasser geben, nach dem Abkühlen muss er sich zu einem weichen Ball drehen lassen.

Den Sirup auf eine glatte Arbeitsfläche gießen (besonders praktisch: aufs Backblech), einige Minuten abkühlen lassen. Mit einem nassen Spatel immer von außen nach innen schieben. Wenn er zäh wird, mit einem nassen Spatel in Achterschleifen im Sirup herumfahren. Er wird zunehmend zäh, weiß und bröckelig. Dann mit feuchten Händen weiterbearbeiten wie einen Mürbteig. Wenn er klumpenfrei und glatt ist, rundherum anfeuchten, mit Frischhaltefolie einwickeln und im Kühlschrank 12 Stunden reifen lassen. Ein Viertel des Fondants abnehmen. Safran in einem Tropfen heißem Was-

ser lösen, unter dieses Viertel arbeiten. Aus der weißen Masse flache Ovale
formen, aus der gelben Masse einen Dotter drehen und auf das Eiweiß
setzen, trocknen lassen. Kuvertüre im heißen Wasserbad schmelzen. Eihälf-
ten auf den Dotter legen und die Unterseite mit der Kuvertüre bestreichen.
Trocknen lassen.

Tipp: Aus Fondant können Sie auch kleine Zuckereier machen und marmo-
rieren. Entweder gelb-weiß, oder Sie färben den Fondant mit Spinatsaft
grün oder mit Rote-Bete-Saft rosarot.

Eier färben

Früher wurde mit natürlichen Farben gefärbt. Entsprechend konnten die
Eier auch gleich in der Farblösung gekocht werden. Heute ist diese natür-
liche Tönung wieder in Mode – Sie bekommen getrocknete Naturfarbstoffe
in der Apotheke. Sie sind natürlich nicht so kräftig wie die künstlichen
Farben. So färben Sie natürlich:

• Gelbocker bis braun: Zwiebelschalen
• Gelb: Gelbwurz
• Rot: Krappwurzeln
• Grün: Brennnessel- oder Spinatsud
• Lila: getrocknete Holunderbeeren

Die Eier vor dem Färben abseifen, waschen, dann nehmen sie die Farbe
besser an. Nach dem Färben mit einer Speckschwarte abreiben.

7

Möpschens Leibspeise

Die Singvögel im Frühling sind aus meinem Kinderleben nicht wegzudenken. Wir beobachteten, wo und wie sie ihre Nester bauten, ihre Eier bebrüteten, sich abwechselnd auf Futtersuche begaben und mit etwas Zappelndem im Schnabel zu den piepsenden Jungen zurückkehrten. Wir kannten ihre Tricks, mit denen sie versuchten, alles Bedrohliche von ihnen fernzuhalten, verjagten die blöden Katzen, wann immer wir sie sahen, und schleppten heimatlos gewordene Vogeljunge in die Küche, wo Mamsell versuchte, sie so lange durchzufüttern, bis sie fliegen konnten, was aber nur selten gelang. Und so wie die Vögel sangen, trillerten und pfiffen wir im Frühling besonders viel und lautstark vor uns hin. Mein Bruder hatte sich einen äußerst kunstvollen Pfiff angeeignet und Möpschen dazu gebracht, ihm überallhin zu folgen. Dummerweise hatte eine Amsel seinen Pfiff in ihr Repertoire aufgenommen, so dass Möpschen alle Augenblicke, vor Eifer Mamsell und die Kröte fast über den Haufen rennend, aus der Küche stürzte und nach meinem Bruder suchte. Mamsell regte sich jedes Mal fürchterlich darüber auf und sprach von Tierquälerei und Ähnlichem, was die Amsel aber wenig beeindruckte. Glücklicherweise wurde der gelehrige Vogel von einem anderen Geräusch abgelenkt. Er imitierte nun das Quietschen des Scheunentors. Und Möpschen war erlöst.

Jeder im Haus hatte seine Lieblingsmelodie. Morgens sang Mutter gern: «Heinrich schlief bei seiner Neuvermählten, einer reichen Erbin von dem Rhein. Schlangenbisse, die den Falschen quälten, ließen ihn nicht länger schlafen ein.» Vater wiederum summte beim Rasieren: «Als ich noch Prinz war von Arkadien.» Mamsell bevorzugte die Rasenbank am Elterngrab, während die Mädchen sich mehr den Zigeunern widmeten, die ihnen das Herz gestohlen hatten. Meine Schwester schmetterte: «Gold und Silber hab ich gern, könnt ich wohl gebrauchen, hätt ich nur ein ganzes Meer, um hineinzutauchen.» Und ich fiel mit meinem Geplärre vom Männlein, das still und stumm im Walde steht, allen auf die Nerven.

«Still und stumm», wiederholte Vater. «Ach, wär das schön!»

«Nun lass das Kind mal», sagte Mutter. «Sie hat doch eine recht hübsche Stimme.»

«Wenn du meinst», sagte Vater.

Auch Möpschen entwickelte eine erstaunliche Musikalität, wenn Mamsell butterte. Jeden Tag hatte er sie getreulich auf dem Gang zum Keller begleitet, wo die Zentrifuge stand, mit der Mamsell die Sahne von der Milch trennte, die sie dann in einem bauchigen, braun glasierten Topf sammelte. Interessiert sah er zu, wie Mamsell die Milch in den Apparat schüttete und mit viel Geschick die Kurbel drehte, eine Kunst, die nicht jeder beherrschte. Denn es kam dabei auf großes Gleichmaß an, sonst drehte sich die Zentrifuge im Leerlauf, und mehr Milch als Sahne floss in den Topf. Wenn sich etwa nach einer Woche genug Sahne angesammelt hatte, schleppte Mamsell das Butterfass in die Küche, stellte es auf einen Hocker, goss die Sahne hinein und begann mit dem Buttern. Das war der Augenblick, in dem Möpschen sich platt auf die Erde warf in Erwartung seines Lieblingsgetränks, der

Buttermilch, und voller Vorfreude das Butterfass geradezu anschmachtete und, die Tonleiter rauf und runter, wimmernde Laute von sich gab. Während wir vorsichtig über ihn hinwegstiegen, sagten wir lobend: «Braves Hundchen», so froh waren wir, dass er uns die verhasste Buttermilchsuppe ersparte, denn nur selten brachte Mamsell es übers Herz, ihm seine Leibspeise zu verweigern.

Wir beschränkten unser Musizieren jedoch nicht nur auf unsere Stimmen. Häufig griffen meine Schwester und ich auch zur Blockflöte, und Vater meinte: «Dann singt doch lieber.» Oder wir spielten wie mein Bruder auf der Mundharmonika, die wir alle Augenblicke ausklopfen mussten, weil sie so voller Spucke war. Auch eine winzige uralte Tischharfe besaßen wir und ein Kinderxylophon. Der Klöppel dazu war längst verloren gegangen und durch einen kleinen Quirl ersetzt worden, den wir in einen Puppenstrumpf gesteckt hatten. Das Glanzstück im Haus war natürlich der Flügel. Unsere Eltern hatten nichts dagegen, wenn wir auf diesem Instrument herumklimperten, was wir bei schlechtem Wetter gern taten. Da es mir nicht schwer fiel, jede Melodie, die mir durch den Kopf ging, zu spielen und die passende Begleitung dazu zu finden, schleppte meine Mutter ihr Wunderkind zu einer Klavierlehrerin. Die mühte sich redlich ab, mir das Notenlesen und die Grundregeln des Quintenzirkels beizubringen, aber ich starrte nur begriffsstutzig auf die Notenblätter, und Sprüche wie «Es geht hurtig durch Fleiß» und «Fritzchen aß Citroneneis» fand ich nur blöd und nicht hilfreich. Nach wenigen Unterrichtsstunden gab die Lehrerin meiner Mutter taktvoll zu verstehen, dass ich sicherlich hoch begabt, aber sie wahrscheinlich nicht die richtige Lehrerin sei. Ich war heilfroh darüber und konnte nun, meiner Phantasie folgend, weiterhin mit viel Pedal auf den schwarzen und weißen Tasten herumdreschen.

Vater war ebenso erleichtert wie ich. Die armen Pferde bei Wind und Wetter in die Stadt zu hetzen war doch, Begabung hin, Begabung her, reichlich viel verlangt.

Auch er spielte gern auf dem Flügel. Obwohl er es nie gelernt hatte, beherrschte er das Instrument erstaunlich gut. Er spielte Geige und hatte auch im Kadettenkorps Geigenstunden bekommen, was ihm so manche angenehme, ruhige Stunde bescherte und ihn oft vor dem Drill rettete. Mutter dagegen hatte als junges Mädchen lange Klavierunterricht gehabt. Sie spielte alles vom Blatt, was wir uns wünschten, und ihr Talent beschränkte sich keineswegs auf den «Fröhlichen Landmann» und Czerny-Etüden.

Ein weiterer musikalischer Genuss war das Grammophon mit seinen vielen Platten, Marke «Die Stimme seines Herrn». Leider vergaß Vater jedes Mal, aus Berlin neue Nadeln mitzubringen, so dass selbst Carusos Stimme ziemlich kratzig klang. Auch gingen wir reichlich sorglos mit den Platten um. Einige von ihnen ließen wir in der Sonne liegen, bis sie sich wellten, so dass die Nadel wie eine Heuschrecke über sie dahinhüpfte und bei den Sinfonien meist den langsamen Satz übersprang. Die Feder des mächtigen Apparates war schon sehr ausgeleiert, und wenn wir sie nicht rechtzeitig aufzogen, sank Richard Taubers schmelzender Tenor zum Bass herab und erstarb in einem Röcheln.

Neben unseren musikalischen Exzessen, neben unverwechselbaren Gerüchen und Düften, die mich durch meine Kindheit begleiteten, war es auch eine Vielzahl von Geräuschen, die es heute nicht mehr gibt oder die so rar geworden sind wie bestimmte Vogelarten: das Klappern der Dreschflegel in Trägenapps Scheune, das Dengeln der Sense, das tiefe Brummen unserer damals schon altmodischen Dreschmaschine, der Singsang der Kreissäge vom anderen Seeufer, das Quietschen des

Pumpenschwengels, das Knarren eines schwer beladenen Ackerwagens, den die Pferde durch tiefen Sand zogen, der Peitschenknall – eine Kunst, die wir Kinder lange üben mussten –, das bedrohliche Zischen eines Ganters, der einen mit ausgebreiteten Flügeln über den ganzen Hof verfolgte, das rasende Gehämmer eines Spechts, der sich angewöhnt hatte, jeden Morgen einen wahren Trommelwirbel am Fenster im Esszimmer zu vollführen, weil er sein Ebenbild in der Glasscheibe entdeckt hatte, das Plätschern der Fische, wenn sie sich vor einem Gewitter im See im Springen übten, das strullende Geräusch, mit dem die Milch beim Melken in den Eimer floss, und das asthmatische Schnaufen der Kleinbahn sowie ihre gellenden Pfiffe, wenn sie sich der Wellblechbaracke, die unsere Bahnstation war, näherte. Doch damals war das Höchste für mich, wenn ich hörte, wie Mamsell etwas auf einem Holzbrett zerhackte. In der Hoffnung, es seien Mandeln, die sie in den Kuchenteig und in die Milch für den Pudding streute, wetzte ich in die Küche, musste aber immer wieder enttäuscht feststellen, wie weit Wunsch und Wirklichkeit auseinander klafften. Denn meistens waren es Zwiebeln.

Auch das Haus hatte sein Eigenleben. Wenn ich nachts nicht schlafen konnte, lief ich barfuß auf den Flur und lauschte. Schränke knackten, Mäuse knabberten, die Gewichte der Standuhr rasselten, der Wind schlug einen Efeuzweig, der sich von der Wand gerissen hatte, gegen das Fenster, und es kam mir vor, als hörte ich das Haus atmen. Aber oft wurde alles überdeckt von Möpschens gewaltigem Schnarchen.

Zu diesen vertrauten Geräuschen gesellte sich eines Tages etwas Neues, noch nie Dagewesenes. Mein Bruder beglückte uns mit einem von ihm selbst gebastelten Detektorapparat. Mit großem Stolz führte er ihn uns vor. Mutter begeisterte sich sofort dafür. Von jetzt an würden wir, wenn auch nur indirekt, am kulturellen Leben der Reichshauptstadt teilhaben können. Wenigstens etwas, wo wir schon kein Telefon hatten. Mein Bruder sprach von Schwingungen und Frequenzen, während wir uns um den Kopfhörer zankten, bis Vater ein Machtwort sprach und ihn sich selbst überstülpte. Mein Bruder kratzte mit einer Art Nadel in einer Halterung auf einem silbrigen, in einer Glasröhre untergebrachten Stein herum, damit, wie er sagte, Klang entstehen konnte. Doch sosehr meine Schwester und ich auch lauschten, außer einem fernen Rauschen war nichts zu vernehmen. Nur die Eltern schienen schärfere Ohren oder mehr Glück zu haben. Vater jedenfalls behauptete, er habe soeben kurz den Anfang des Schlagers «Was machst du mit dem Knie, lieber Hans» gehört, während Mutter ganz euphorisch rief, als sie ihm den Kopfhörer zurückreichte: «Hör mal, Beethovens Neunte! Freude schöner Götterfunken!»

Mir ließ natürlich dieses neue Wunderwerk keine Ruhe. Als alles im Bett war, schlich ich mich, nur vom Mondlicht begleitet, ins Wohnzimmer, denn aus Angst vor meiner Schwester wagte ich nicht, eine Kerze anzuzünden. Ich ging zu Vaters Schreibtisch, auf dem der Apparat stand, und stülpte mir die Kopfhörer noch einmal über. Den Blick auf das Porträt Friedrichs des Großen gerichtet, auf dessen Gesicht der Mond Kringel malte, lauschte ich dem fernen Gezirpe. Und dann geschah das Wunder: Eine Stimme löste sich aus dem Geräuschsalat und sprach ernst, fast drohend: «Vergessen Sie nicht, Ihre Antenne zu erden.» Im gleichen Moment spürte ich einen äußerst schmerzhaften Schlag auf meinem Oberarm. Vor mir stand mit funkelnden Augen mein Bruder und trieb mich mit gezielten Muskelstärken, wie er diese Schläge nannte, ins Kinderzimmer zurück.

Meine Schwester war inzwischen aufgewacht, hatte die Kerze auf dem Nachttisch angezündet und fragte: «Warst du schon wieder auf dem Klo?» Ich stellte mich vor ihr auf und wiederholte mit Stolz und großer Schadenfreude, was ich als Einzige gehört hatte: «Vergessen Sie nicht, Ihre Antenne zu erden.»

Aber die erhoffte Wirkung blieb aus. Meine Schwester zeigte sich uninteressiert. Sie zog die Nachttischschublade auf, nahm zwei von Mamsells köstlichen Baisers heraus, leicht gebräunt und ein bisschen klebrig, und verzehrte sie genüsslich. Sie gab mir nicht einen Krümel ab, sondern sagte nur: «Nun halte endlich die Klappe und mach das Licht aus.»

Fast platzte ich vor Wut darüber, dass Mamsell mir, dem kleinsten Kind im Haus, so etwas Köstliches nicht auch gegönnt hatte. Das Geräusch, mit dem meine Schwester die Baisers zermalmte, dröhnte förmlich in meinen Ohren, und weg war der Triumph, dass dieses magische Gerät mit mir als Einziger im Haus gesprochen hatte.

BUTTER

Je nach Jahreszeit gaben die Kühe nicht nur unterschiedlich viel Milch – diese schmeckte auch anders. Im Frühjahr war sie durch die vielen frischen Wiesenkräuter am aromatischsten, war aber nicht so haltbar. Die Butter für den Winter wurde im Herbst eingesalzen; sie galt als die haltbarste. Heute gibt es diese Unterschiede kaum. Wenn Sie versuchen möchten, wie Frühlingsbutter wirklich schmeckt, machen Sie sie einmal selbst. Sie schmeckt unvergleichlich zu selbst gebackenem Brot. Wichtig: Sie muss gesäuert werden, das erhöht Aroma und Haltbarkeit.

ZUTATEN FÜR ETWA 100 GRAMM BUTTER:
2 l Rohmilch (am besten vom Biobauern)
$\frac{1}{4}$ l Bio-Buttermilch (ist besonders sauer)

Die Rohmilch im Kühlen (12–14 Grad) in einer sehr weiten, flachen Schüssel mit großer Oberfläche etwa 24 Stunden stehen lassen, bis sich die Sahne abgesetzt hat. Dann mit einem Schaumlöffel die Sahne abschöpfen. Die restliche Milch ganz normal zum Trinken oder Kochen verwenden – sie ist jetzt entrahmt. Die Sahne mit der Buttermilch mischen und wieder ins Kühle stellen. Nach 1–2 Tagen ist die Sahne dick und gesäuert. Nun kann gebuttert werden. Entweder mit einem Sahnerädchen (der Vorläufer der elektrischen Rührmaschinen) oder mit dem elektrischen Handrührgerät – aber auf der langsamsten Stufe. Die Sahne muss zur kalten Jahreszeit auf etwa 18 Grad temperiert, im Sommer auf 12 Grad gewärmt werden. Nach 20–25 Minuten Rühren trennen sich maiskorngroße Butterkörner von der

Buttermilch. Nun die Mischung durch ein Sieb gießen. Die Buttermilch zur Speise oder Suppe verarbeiten – oder trinken.

Die Butterkörner im Sieb unter kaltem Wasser auswaschen und dabei mit den Händen die restliche Milch herauskneten. Wenn das Wasser klar bleibt, ist die Butter gut. Nach Geschmack salzen und zwischen zwei Holzbrettchen die Flüssigkeit aus der Butter pressen. Die Butter in ein Töpfchen füllen und gut kühlen: Sie kippt schneller als gekaufte Butter, denn kleine Reste von Milcheiweiß bleiben beim Auswaschen von Hand immer noch in der Butter.

Geklärte Butter

Haltbarer war die geklärte Butter, das Butterschmalz. Dazu wurde die Butter bei sanfter Hitze zerlassen und kurz gesiedet, ohne sie braun werden zu lassen. Schaum wurde abgeschöpft und das reine Butterfett abgegossen – der leicht verderbliche Eiweißanteil blieb zurück. Gebraucht wurde Butterschmalz zum Kochen und Braten in der Pfanne. Und natürlich zum Ausbacken von Berliner Pfannkuchen.

BUTTERMILCHSUPPE

Milchsuppe ist eine Urspeise. Oft wurde sie mit Trockenobst und Mehl süß zubereitet. Aber im Hause der «Kartoffeln mit Stippe» natürlich pikant.

ZUTATEN FÜR 4 PERSONEN:

500 g mehlige Kartoffeln	1 TL Mehl
Salz	80 g durchwachsener Räucherspeck
½ l Buttermilch	1 Zwiebel
½ l Fleischbrühe	½ TL Zucker

Die Kartoffeln waschen, schälen und in Würfel schneiden. In wenig Salzwasser gar kochen. Dann das Wasser abgießen und die Kartoffeln durch ein Sieb drücken. Das Mehl mit der Buttermilch anrühren, alles zu den Kartoffeln geben und etwa 15 Minuten leicht kochen. Die Zwiebel schälen und hacken. Den Speck bei kleiner Hitze angehen lassen, mit der Zwiebel knusprig braun braten. Die Suppe mit Salz abschmecken, Speckzwiebeln darauf anrichten.

SENFBUTTER

Diese kalte Buttermischung wurde zu kaltem Fleisch gereicht.

ZUTATEN FÜR 4 PERSONEN:
2 hart gekochte Eigelbe   Salz, weißer Pfeffer
125 g Butter   3 EL Dijon-Senf

Die Eigelbe durch ein Haarsieb drücken. Butter schaumig rühren, Gewürze, Senf und Dotter unterrühren.

SARDELLENBUTTER

Sie wurde selten pur als Brotaufstrich gereicht, sondern zum Abschmecken von Soßen und Suppen verwendet. Die Sardellen waren im Ganzen eingelegt und mussten erst gereinigt werden. Heute gibt es die Filets in Öl eingelegt.

ZUTATEN FÜR CA. 200 GRAMM:
50 g Sardellenfilets
125 g Butter

Sardellen waschen, trocken tupfen und hacken. Mit der Butter verrühren und durch ein Sieb drücken. In einem Töpfchen kühl aufbewahren.

KRÄUTERBUTTER

Knoblauch war in Massen ziemlich unfein – entsprechend hat die Kräuterbutter einen eher zarten, frischen Geschmack. Sie wurde zu Lammbraten gereicht.

ZUTATEN FÜR CA. 200 GRAMM:

je einige Zweige Kerbel, Salz
Pimpinelle, Estragon, 1–2 EL Zitronensaft
Petersilie und Schnittlauch 150 g Butter

Die Kräuter waschen, harte Stiele abzupfen und die Kräuter in wenig kochendem Salzwasser einmal aufwallen lassen, abschrecken und in einem Sieb gut ausdrücken. Sehr fein hacken und mit dem Zitronensaft verrühren. Die Butter weißlich kremig rühren und die Zitronenkräuter unterziehen, salzen und zu Tisch geben.

Pimpinelle ist ein sehr zartes, zitronig frisches Frühlingskraut, das z. B. auch in die Frankfurter Grüne Soße gehört. Sie können es, falls Sie es nicht bekommen, durch Petersilie ersetzen.

KREBSBUTTER

Sie wurde immer dann gekocht, wenn es Krebse gab. Also nicht im April, sondern eher im Sommer. Die Krebsbutter hielt sich jedoch kühl gelagert und wurde zum Würzen und Verzieren von Fisch- und Fleischgerichten verwendet. Damit lässt sich außerdem eine hervorragende Krebssuppe herstellen.

ZUTATEN FÜR ETWA 150 GRAMM:
Etwa 300 g ausgelöste Krebsschalen   150 g Butter

Die Krebsschalen trocknen (wenn es schnell gehen muss, 1 Stunde bei 100 Grad im Backofen), grob zerhacken, dann mit der Butter in einem Mörser so fein wie möglich zerstoßen. Auf dem Herd zum Schmelzen bringen und 30 Minuten leise schwitzen lassen, dabei ab und zu umrühren. Die Butter darf nicht ansetzen oder braun werden. Dann ½ l Wasser zugeben, eine Minute kochen lassen und durch ein Haarsieb gießen. Das Krebswasser kalt stellen. Die erstarrte Krebsbutter abheben und in einem Töpfchen aufbewahren.

ZUCKERBREZELN

Grundlage der Brezeln ist ein Blätterteig. Er ist einfach zu machen, kostet aber Zeit. Die Mühe lohnt, denn das Gebäck schmeckt wirklich nach Butter, während tiefgefrorener Blätterteig heute immer aus Margarine hergestellt ist. Nur beim Konditor können Sie vielleicht selbst gemachten aus Butter bekommen. Machen Sie am besten gleich eine große Portion Teig – die Hälfte können Sie dann einfrieren oder Pasteten daraus machen.

ZUTATEN FÜR ETWA 1,3 KG BLÄTTERTEIG:
500 g Weizenmehl Type 550   ca. 250 ml Wasser
½ TL Salz   500 g Butter
1 TL Zitronensaft

Blätterteig bekommt seine blättrige Struktur durch die Schichtung von Butter und Mehl-Wasser-Teig. Dazu müssen beide Komponenten ungefähr die gleiche Konsistenz haben, sonst lassen sie sich nicht schichten. Bei Kälte muss man dazu die Butter wärmen, bei Wärme kühlen.

Das Mehl auf die Arbeitsfläche häufeln, in die Mitte eine Kuhle mit dem Salz machen, mit Zitronensaft und etwas Wasser anrühren. Nun nach und nach das Wasser von innen nach außen einarbeiten, bis ein knetbarer, elastischer Teig entstanden ist. 20 Minuten im Kühlschrank ruhen lassen.

Die Butter in Folie geben und mit den Händen leicht durchkneten, bis die Beschaffenheit teigähnlich ist. Den Teig zu einer etwa 1 cm dicken rechteckigen Platte ausrollen. Die Butter etwas flach drücken, auf den Teig legen und so ausstreichen, dass die Kanten des Teigrandes 4 cm entfernt sind. Alle unbelegten Teigecken so auf die Butter klappen, dass diese völlig bedeckt ist. Dieses Paket 5 Minuten kühl stellen. Dann auf einer bemehlten Arbeitsfläche etwa 1,5 cm dick zu einer langen, rechteckigen Teigplatte ausrollen. Das linke Drittel über die Mitte schlagen, kurz darüber rollen, dann das rechte Drittel auf die Mitte schlagen, darüber rollen – das nennt man eine Tour. Paket um 90 Grad drehen, wieder zum Rechteck ausrollen und zusammenschlagen. Etwa 20 Minuten im Gemüsefach des Kühlschranks ruhen lassen, dann wieder touren, kühlen und noch ein- oder zweimal touren.

ZUTATEN FÜR ZUCKERBREZELN:

½ Platte Blätterteig   1 Eigelb
(ersatzweise 600 g Tiefkühl-Blätterteig)   ca. 50 g Hagelzucker

Den Teig etwa 3 mm dick ausrollen, in Kleinfingerbreite etwa 30 cm lange Streifen schneiden. Eigelb mit 2 EL Wasser verrühren und die Streifen sparsam damit bestreichen (sonst blättert der Teig nicht), mit Hagelzucker bestreuen. Jeden Streifen spiralig um sich selbst drehen, auf einem mit Wasser abgespülten Blech zur Brezel legen. Im vorgeheizten Backofen bei 200 Grad etwa 15 – 20 Minuten goldgelb backen.

BAISERS MIT SCHLAGSAHNE

Früher wurde Eischnee mit dem Schneebesen geschlagen – eine mühsame Arbeit. In einer Kupferschüssel wurde der Schnee besonders fest. Sie nehmen heute eine hohe Rührschüssel, ein elektrisches Handrührgerät – und sehr frische Eier. Die Eiweiße, die Rührschüssel und die Rührarme eine Viertelstunde in den Kühlschrank stellen, vor dem Schlagen mit kaltem Wasser ausschwenken – dann wird der Schnee besonders fest.

ZUTATEN FÜR 1 BACKBLECH:

4 Eiweiß	1 Päckchen Vanillezucker
250 g feiner Zucker	Puderzucker zum Bestäuben

Die Eiweiße so lange schlagen, bis der Schnee fest und trocken ist. Dann den Zucker und den Vanillezucker unterschlagen. Ein Backblech mit Fett einpinseln und mit Mehl bestäuben. Mit einem in kaltes Wasser getauchten Esslöffel eigroße Eischneeportionen mit Abstand von 4 cm aufs Blech setzen. Mit dem Puderzucker überstäuben. Bei 80 Grad 2½ Stunden mehr trocknen als backen. Beim Gasofen die niedrigste Stufe einstellen und einen Löffel in die Ofentür klemmen. Werden die Baisers gelblich, mit Backpapier locker abdecken. Dann das Blech aus dem Ofen nehmen und abkühlen lassen.

Mit einer Schale leicht gezuckerter Sahne zu Tisch geben.

Tipp: Sehr beliebt waren im Sommer Baisers mit Erdbeer-Schlagsahne. Dazu wurden unter die geschlagene, leicht gezuckerte Sahne einige Esslöffel durch ein Sieb passiertes Erdbeermus gezogen.

8

Die Hauswirtschaft geht vor

In diesem Jahr verabschiedete sich der April mit fast sommerlichen Temperaturen, und sofort brach im Haus wieder die Putzwut aus. Zunächst wurden sämtliche Kokosläufer aufgerollt und die Dielen darunter derartig mit Bohnerwachs bearbeitet, dass man höllisch aufpassen musste, nicht samt den Läufern ins Rutschen zu kommen. Dann fand man, dass die Petroleumlampen es mal wieder bitter nötig hatten, geputzt zu werden. Schirme und Zylinder ließen ja kaum noch Licht durch, und auch die Messingklinken waren stumpf und fleckig. Mamsells Vorschlag, die Wintersachen einzumotten, fand jedoch nur geteilte Zustimmung. «Denken Sie an die Eisheiligen!» Mamsell ließ diesen Einwand nicht gelten. «Motten sind schlimmer.» Man einigte sich auf einen Kompromiss, Fahrpelze ja, Fußsäcke nein. Sie blieben, wo sie waren. Vorsichtshalber warf ihnen Mamsell eine Hand voll Mottenkugeln in den Rachen, so dass wir nach jeder Fahrt stark nach Naphthalin rochen. Pelzgefütterte Westen, Wintermäntel und Handschuhe, Mutters Pelz und ihre beiden Muffs wurden auf die Veranda zum Auslüften geschleppt, und Vaters Uniformen, die sowieso eingemottet waren, gönnte man noch einmal ein bisschen Sonne, ehe sie wieder in der Dunkelheit der Truhe verschwanden.

Wir wuselten dazwischen herum und spielten Verkleiden, wozu sich Vaters Dragoneruniformen besonders anboten. Mit von der Partie waren zwei entfernt mit uns verwandte gleichaltrige Kinder, ein Junge und ein Mädchen. Sie waren mit ihrer Mutter vor einer Stunde nur auf einen Sprung, wie meiner durch den unerwarteten Besuch etwas überraschten Mutter versichert wurde, herübergekommen. Aber es wurde ein ziemlich weiter Sprung, der sich bis in die Abendstunden erstreckte. Als Ältester nahm sich natürlich mein Bruder heraus, die militärischen Ränge zu bestimmen. Während er, der General, meiner Schwester immerhin noch den Rang eines Leutnants zubilligte, waren wir, der Rest, einfache Muschkoten und wurden von ihm mit einem zackigen «Guten Morgen, Leute!» begrüßt. Nach zehn Minuten allerdings hatte ich es herzlich satt, dauernd angebrüllt zu werden: «Stillgestanden, Augen rechts, linksrum, rechtsrum, rührt euch!» Ich desertierte und verzog mich zu Mamsell. Die hatte zwar keine Baisers für mich, aber Biskuitplätzchen, die sie aus einer Blechdose herausfischte, und während ich sie aß, prägte ich mir den Standort dieser Dose genau ein.

Mamsell ermunterte mich, doch ein bisschen beim Einmotten zu helfen. Es wäre zum Beispiel sehr nützlich, wenn jemand den schweren Deckel der Truhe auf dem Boden für die Mädchen aufhielte, sonst gehe es ihnen, wenn sie Zeitungspapier zwischen die einzelnen Stücke legten, womöglich wie dem kleinen Jungen im Märchen vom Machandelboom, und der Deckel hackte einer von ihnen den Kopf ab. Ich erklärte mich einverstanden, aber bevor ich die Küche verließ, gab ich ihr ein Rätsel auf: «Es rüttelt sich, es schüttelt sich und macht ein Häuflein unter sich.»

Sie zuckte lachend die Achseln. «Weiß ich nicht, du Neunmalkluge.»

«Das Sieb!», rief ich triumphierend und gab gleich noch eins zum Besten. «Was ist bei der Mahlzeit das Unentbehrlichste?»

Diesmal hatte ich Pech. «Der Mund», sagte Mamsell. «Und den hältst du jetzt zur Abwechslung auch mal für 'ne Weile und verschwindest.»

Ehe ich es maulend tat, erkundigte ich mich hoffnungsvoll nach dem Mittagessen, das, wenn wir Gäste hatten, etwas Besonderes zu sein pflegte.

«Königinnenpastete mit Ragout fin.» Aber ehe ich mich freuen konnte, setzte Mamsell hinzu: «Selbstverständlich nur für die Erwachsenen. Ihr Kinder bekommt einen Nudelauflauf.»

Wie meist in diesem Haus wurde nichts so heiß gegessen wie gekocht. Wir bekamen unseren Teil dieser Köstlichkeit, wenn auch nur eine halbe Pastete.

Im Laufe des Vormittags hatte sich noch jemand eingefunden, mit dem wir nicht gerechnet hatten: unser Hauslehrer, der alte Scheel, ein pensionierter Schulmeister aus dem Nachbardorf. Zum täglichen Unterricht pflegte er wie Agnes über den See zu rudern. Von Strenge und Zucht hielt er nicht viel und lobte uns über den grünen Klee, auch mich, obwohl ich man gerade in der Lage war, neben wenigen anderen Buchstaben ein «i» – «Rauf, runter, rauf und ein Pünktchen drauf» – auf die Schiefertafel zu kritzeln. Der Biologieunterricht fand vorzugsweise in den Ställen oder der freien Natur statt, und so brachte er uns zu Vaters Freude auch manches Wissenswerte über Bäume bei, was lange und nicht immer nur dem Unterricht gewidmete Waldgänge erforderte. Auf Schönschrift legte er großen Wert, und während meine Geschwister das Gedicht von Lenau «Lieblich war die Maiennacht, Silberwölklein flogen, ob der holden Frühlingspracht freudig hingezogen» mehr abmalten als abschrieben, um es sich besser einzuprägen, und ich mich mit Aufgaben wie «Eins und eins ist zwei» abmühte, hielt er ein kleines Nickerchen.

In den letzten Tagen war der Unterricht ausgefallen. Er hatte, wie Agnes wichtig vermeldete, die Influenza. «Drei Tage war der Frosch sehr krank», sagte Vater und nahm freudig den Ziegenkäse entgegen, den der alte Scheel wie meist, so auch heute, mitbrachte. Mutter erkundigte sich besorgt nach seiner Gesundheit, worauf er zu hüsteln begann, aber tapfer sagte, es gehe schon wieder, wenn auch das Rudern noch ziemlich schwer falle. Dann fragte er nach seinen Schülern. Als er hörte, dass wir den Mädchen beim Einmotten halfen, sagte er wie immer: «Die Hauswirtschaft geht vor» und verzog sich in die Küche, um sich von Mamsell ein wenig verwöhnen zu lassen. Von Geschlachtetem verstand er sehr viel, und Mamsell ließ ihn deshalb die Leberwurst probieren, was er sehr sorgsam tat und meinte, sie sei wirklich vorzüglich, allerdings vielleicht ein bisschen viel Thymian dran. Damit legte er den Finger auf die Wunde, und Mamsell begann sich über den Schlächter zu beschweren. Lehrer Scheel hörte sich Mamsells Klagen geduldig an und putzte eine Stulle nach der anderen weg, bis sie plötzlich aufsprang und rief: «O mein Gott, ich muss ja das Mittagessen vorbereiten!» Darauf zog er seine Taschenuhr und meinte: «Mit dem Unterricht wird es wohl heute nichts mehr, da will ich mich mal auf den Heimweg machen.» Während er sich umständlich die Jacke anzog, versicherte er mehrmals, er sei noch gar nicht so recht zuwege und die Fahrt stehe ihm doch sehr bevor, bis Mamsell endlich begriff und rief: «Was denn! Sie wollen nicht zum Mittagessen bleiben?»

«Überredet», sagte der alte Scheel schnell. «Bis dahin werde ich noch einen kleinen Rundgang machen.»

Mutter hatte sich mit unserem Gast in den seit Ewigkeiten nicht geheizten Salon zurückgezogen, dessen Eiseskälte selbst durch die laue Sommerluft, die durch das geöffnete Fenster hereindrang, kaum gemildert werden konnte. Erst die von Mamsell zum zweiten Frühstück serviere Hühnersuppe mit Eierstich wärmte die fröstelnden Damen ein wenig auf. Während sie aßen, lobte meine Mutter den alten Scheel in den höchsten Tönen. «Ein hochanständiger Mann und so einfühlsam. Und dieses Pflichtbewusstsein. Bei Wind und Wetter, jeden Tag über den See. Und meistens den Wind von vorn.»

«Da hast du wirklich Recht, liebe Kusine», sagte der Gast und griff herzhaft bei den Käsestangen zu. «Aber meinst du nicht, dass deine beiden Großen jetzt langsam mal mit einer Fremdsprache anfangen müssten?»

Mutter runzelte die Stirn. «Damit hat es schon noch Zeit.»

«Meinst du? Meine beiden sprechen schon recht hübsch Französisch. Ihr Lieblingsbuch ist jetzt *Les Malheurs de Sophie*. Die Lehrerin meint ja, diese Sprache fliege ihnen einfach nur so zu.»

«Fabelhaft», sagte Mutter. «Wirklich begabt. Stottert deine Kleine noch manchmal? Beunruhigen muss dich das aber nicht. Das verwächst sich wieder.»

«Diese Käsestangen», sagte der Gast nach kurzem Schweigen, «also einfach superb. Beneidenswert. Deine Mamsell ist eben eine Perle.»

«Aber deine kann es durchaus mit ihr aufnehmen», wehrte Mutter höflich ab. «Wo hast du sie nur her?»

Vater betrat den Salon. «Na, unterhalten sich die Damen gut?»

Die Augen der Frauen waren auf seine Stiefel gerichtet, von denen, als er sich setzte, ganze Lehmbrocken herunterfielen. Ihre Blicke kreuzten sich schwesterlich: «Männer.»

BISKUITPLÄTZCHEN

Diese Plätzchen wurden in rauen Mengen gebacken und in Blechdosen aufbewahrt – der trockene Vorrat für überraschenden Teebesuch. Funktionierte natürlich nur mit frischen Eiern!

ZUTATEN FÜR ETWA 3 BLECHE:

4 Eier
4 EL heißes Wasser
125 g Zucker

125 g Mehl
Puderzucker zum Bestäuben

Die Eier trennen. Die Eigelbe mit dem Zucker und dem Wasser weißkremig schlagen. Dann die Eiweiße zu sehr steifem Schnee schlagen, unter die Dotterkrem ziehen. Zum Schluss das Mehl darüber sieben und unterziehen.

Ein Backblech mit Backpapier auslegen. Den Backofen auf 170 Grad vorheizen. Den Teig in einen Spritzbeutel mit glatter Tülle geben und mit gutem Abstand walnussgroße Häufchen auf das Blech setzen. Im heißen Backofen auf der mittleren Schiene in etwa 15 Minuten goldgelb backen.

Königinnenpasteten mit Ragout fin

Das Ragout brachten die Hugenotten mit – es wurde der Inbegriff der feinen Küche. Da es viele verschiedene Zutaten braucht, kochen Sie es am besten für 8 Personen – Sie können die Hälfte einfrieren. Oft wurde das Ragout aus eingewecktem Kalbfleisch gemacht – das Bries (die Thymusdrüse gibt es nur vom Kalb, ähnelt in Geschmack und Konsistenz dem Hirn) wurde weggelassen, und das Fleisch musste nicht erst gegart werden. Statt Kalbfleisch können Sie auch Kalbszunge nehmen.

Zutaten für 8 Personen:

1 kleines Bries (etwa 300 g, beim Schlachter bestellen)	60 g Butter
	40 g Mehl
700 g Kalbfleisch (aus Schulter oder Brust)	2 Schalotten
	2 Sardellenfilets
1 Bund Suppengrün	3–4 EL Weißwein
4 Pimentkörner	2 Eigelb
1 Lorbeerblatt	3–4 EL süße Sahne
Salz	Worcestershiresoße
Saft 1 Zitrone	8 Blätterteigpastetchen
400 g kleine Champignons	

Das Bries etwa 2 Stunden in kaltem Wasser wässern, damit sich alle Blutreste lösen. Inzwischen das Kalbfleisch und das Suppengemüse waschen. In einem Topf 1½ l Wasser mit den Gewürzen und dem grob zerkleinerten Suppengemüse zum Kochen bringen, das Kalbfleisch einlegen und bei kleiner Hitze in etwa 1½ Stunden gar ziehen lassen. Das Fleisch herausheben und in 1,5 cm große Würfel teilen. Den Fond durch ein Sieb gießen. Das Bries enthäuten und in kochendem Salzwasser mit einem Esslöffel Zitronensaft etwa 4 Minuten blanchieren, herausnehmen und kalt abschrecken. In Röschen zerpflücken, dabei alle restlichen Adern und Häutchen entfernen.

Die Champignons abreiben. 1 EL Butter erhitzen, Champignons und Bries zugeben, andünsten, 2–3 EL Zitronensaft zugeben, salzen und einige Minuten dünsten. Beiseite stellen. Die Schalotten schälen und sehr fein würfeln. Sardellen abwaschen, trocken tupfen und sehr fein hacken. Die Schalotten in der restlichen Butter andünsten. Das Mehl zugeben und hell anschwitzen, Sardellen zufügen. Mit der Kalbsbrühe angießen, Wein zugeben und eine Viertelstunde leise kochen lassen – es sollte dicklich sein, evtl. noch Wasser zugeben. Die Eigelbe in einer Tasse mit einigen Löffeln Soße verrühren und dann zur Soße geben – nicht mehr kochen lassen, sonst gerinnt das Eigelb. Kalbfleisch, Bries und Champignons einlegen. Das Ragout mit Sahne, Zitronensaft und Worcestershiresoße abschmecken. In die aufgebackenen Pastetchen füllen, so dass etwas überläuft, Deckel aufsetzen und mit Blätterteigfleurons servieren.

Tipp: Das Ragout schmeckt auch im Reisring (siehe Seite 42). Es war auch sehr beliebt, es in Schalen von Jakobsmuscheln zu füllen und mit etwas Parmesan zu überbacken.

Blätterteigpastetchen

ZUTATEN FÜR 6 PASTETCHEN:
½ Platte Blätterteig (siehe Seite 126)
(ersatzweise 600 g Tiefkühl-Blätterteig)
1 Eigelb

Den Teig 5 mm dick ausrollen. Mit einem Wasserglas (Durchmesser etwa 8 cm) 18 Böden ausstechen. 6 Böden auf das mit kaltem Wasser ausgeschwenkte Blech setzen. Die übrigen Kreise mit einem kleineren Glas so ausstechen, dass ein etwa 1,5 cm breiter Ring stehen bleibt. Je zwei Ringe auf einen Boden setzen. Das Innere der Ringe ebenfalls aufs Blech setzen. Die aufeinanderliegenden Flächen mit Wasser bepinseln. Aus dem übrigen Teig Halbmonde ausstechen. Alles behutsam mit Eigelb bestreichen – die Seiten dürfen nicht davon benetzt werden, sonst kleben sie zusammen, statt aufzugehen. Im vorgeheizten Backofen bei 200 Grad etwa 15 Minuten goldgelb backen. Vor dem Füllen nochmals kurz aufbacken.

Tipp: Selbstgemachter Blätterteig geht nicht so auf, wie wir das heute vom Tiefkühlteig gewöhnt sind. Backen Sie evtl. Boden und Ringe extra und setzen Sie sie erst danach zusammen.

Nudelauflauf mit Tomatensosse

Die Tomatensoße gab es natürlich nur in der Saison – oder mit Tomatenmark zubereitet. Sie war wenig üblich, passt aber hier am besten.

Zutaten für 4 Personen:

Für den Auflauf:
1 Portion Béchamelsoße (Seite 20)
2 Eier
300 g Makkaroni
Salz
80 g geriebener Parmesankäse
50 g Schinkenwürfel oder Bratenreste
60 g geriebenes Weißbrot
Butterflöckchen

Für die Soße:
1 Zwiebel
2 EL gewürfelter
   durchwachsener Speck
50 g Butter
1 kleine Dose Tomaten
1 EL Tomatenmark
1 EL Mehl
¼ l Fleischbrühe
Salz, Cayennepfeffer
1 Prise Zucker

Die Béchamelsoße nach Rezept zubereiten. Die Eier schlagen und unterziehen. Die Makkaroni in Stücke brechen und in kochendem Salzwasser garen, in ein Sieb abgießen, kalt abschrecken und abtropfen lassen. Die Nudeln mit der Soße, der Hälfte Parmesan und den Schinkenwürfeln mischen, in eine gefettete Auflaufform geben. Die Weißbrotbrösel mit dem übrigen Parmesan vermischen und auf den Auflauf streuen, mit Butterflöckchen belegen und im heißen Backofen bei 180 Grad etwa 40 Minuten goldbraun backen. Mit Tomatensoße zu Tisch geben.

Für die Soße die Dosentomaten hacken. Die Zwiebel schälen und fein würfeln. Den Speck in 1 TL Butter angehen lassen, Zwiebelwürfel zugeben und anbraten, Tomatenstückchen und Tomatenmark zufügen und mitbraten. Mit dem Tomatensaft angießen und 15 Minuten kochen lassen. Inzwischen das Mehl in der restlichen Butter anschwitzen, vom Feuer nehmen. Nach und nach unter Rühren die Brühe angießen. Die Tomatensoße durch ein Sieb streichen und zur Einbrenne geben. Alles etwa 15 Minuten leise kochen lassen, etwas Wasser zugeben. Mit Salz, Cayennepfeffer und Zucker abschmecken. Zum Auflauf reichen.

Nudeln

Nudeln waren in Deutschland, speziell im Norden, nicht sehr verbreitet. In jedem Fall machte man sie selbst – die fertigen galten als minderwertig. Die selbst gemachten Nudeln wurden am Vortag hergestellt – sie schmecken besser, wenn sie zuvor richtig getrocknet sind. Geschnitten wurden sie mit der Schere oder auf dem Brettchen. Meist landeten sie als Fadennudeln in der Suppe. Aber manchmal auch als Knuspernudeln im Dessert – man war erfinderisch.

Die Ausnahme machten Makkaroni – sie findet man als «Fertigprodukt» auch in alten Kochbüchern. Von Spaghetti dagegen noch keine Spur.

Nudeln

Zitronensaft gab man früher nicht in den Nudelteig. Heute weiß man, dass Ascorbinsäure (Vitamin C) die Bindung des Weizeneiweißes unterstützt – das gibt dem Teig mehr Zusammenhalt.

Zutaten für 4 Personen:
250 g Weizenmehl Type 550   Salz
2 Eier   2 EL Zitronensaft

Das Mehl in eine Schüssel sieben. In die Mitte die 2 Eier, 1 TL Salz und den Zitronensaft geben, zu einem elastischen Teig durchkneten und gründlich mit den Händen bearbeiten – das macht den Teig lebendig. Den Teig eine Stunde bei Zimmertemperatur in Folie eingewickelt ruhen lassen. Dann jeweils eigroße Portionen abnehmen und auf einer bemehlten Arbeitsfläche hauchdünne Nudelflecken ausrollen – das Nudelholz (!) dabei immer wieder mit Mehl bestäuben. Jeden Nudelfleck auf einer mit Mehl bestäubten Serviette ausbreiten und 2–3 Stunden offen antrocknen lassen. Dann locker zusammenrollen und mit einer Schere in der Hand in dünne Scheiben schneiden – oder mit einem Messer auf einem Brettchen. Diese dünnen Nudeln locker auf der Serviette über Nacht vollständig trocknen. Entweder sofort verwenden oder in einer Blechdose aufbewahren.

Gebackenes «Heu» mit Vanillesosse

Zutaten für 4 Personen:

1 Portion Nudelflecken
etwa 100 g Butterschmalz
Vanillezucker (Seite 19)
  zum Bestreuen

Für die Vanillesoße:
½ l Milch
½ Vanilleschote
1 Prise Salz
5 EL Zucker
4 Eigelb
1 TL Mehl
2 Eiweiß

Die Nudelflecken wie oben zubereiten, in hauchdünne Fadennudeln – das Heu – schneiden.

Für die Soße 3 EL Milch abnehmen, die übrige Milch mit Vanilleschote, Salz und Zucker erhitzen. Die Eigelbe mit den Esslöffeln Milch und dem Mehl anrühren. Die Eiweiße zu steifem Schnee schlagen. Wenn die Milch kocht, vom Feuer ziehen, Dotter nach und nach mit einigen Löffeln heißer Milch anrühren, in die heiße Milch geben und bei kleiner Hitze mit dem Schneebesen so lange schlagen, bis die Milch dicklich wird (etwa 3–4 Minuten). Sie darf nicht mehr richtig kochen. Dann warm halten. Das Butterschmalz erhitzen und die Fadennudeln darin knusprig ausbraten, mit einem Schaumlöffel aus dem Fett heben und auf Küchenpapier kurz abtropfen lassen. Mit Vanillezucker bestreuen. Den Eischnee nochmals aufschlagen, unter die heiße Vanillesoße ziehen und zum Heu reichen. Schmeckt mit Kompott oder gedünsteten Weinäpfeln.

Hühnersuppe mit Eierstich

Zutaten für 6 Personen:

1 Suppenhuhn

1 Bund Suppengrün

200 g Rinderknochen

Salz

1 Lorbeerblatt

10 Pfefferkörner

2–3 Möhren

2 EL gehackte Petersilie

1 Eigelb

150 g frische Nudeln

Für den Eierstich:

2 Eier

1 Eidotter

$\frac{1}{8}$ l Milch

2 EL süße Sahne

Salz, 1 TL Tomatenmark

Das Huhn, das Suppengrün und die Rinderknochen gut abwaschen. Das Suppengrün grob zerkleinern und mit dem Huhn und den Rinderknochen in einen Topf geben. Etwa 2 l heißes Wasser zugeben, 2 TL Salz und die Gewürze. Alles zum Kochen bringen und nach dem ersten Aufkochen abschäumen. Dann leise etwa 1½ bis 2 Stunden kochen lassen, zwischendurch wenn nötig abschäumen (früher wurde bis zu 3 Stunden gekocht – da lebten Suppenhühner noch länger und waren entsprechend zäher).

Inzwischen den Eierstich zubereiten: Den Backofen auf 180 Grad vorheizen. Eine mittlere Kastenform mit Butter ausstreichen. Eier, Dotter, Milch, Sahne, Salz und Tomatenmark (das macht den Eierstich appetitlich orange) mit dem Schneebesen verkleppern, ohne dass es schaumig wird. In die Form füllen, mit Alufolie bedecken und in eine Reine oder ein tiefes

Backblech setzen, die mit kochend heißem Wasser gefüllt wird. In diesem heißen Wasserbad in den heißen Backofen schieben und etwa 25 Minuten stocken lassen. Er muss in der Mitte elastisch, aber gar sein. Aus der Form stürzen und in Würfelchen schneiden.

Die Brühe durch ein Sieb gießen und wenn nötig auf 1,5 l ergänzen. Die Möhren waschen, schälen und in kleine Würfel schneiden, in der Brühe garen. Das Fleisch auslösen und klein schneiden. Die Nudeln in der Suppe etwa 10 Minuten kochen lassen, dann Fleisch und Eierstich zugeben. Die Suppe pikant abschmecken und mit Eigelb legieren, mit Petersilie bestreut servieren.

KÄSESTANGEN

Dieses Rezept ist genial einfach und unschlagbar! Die Käseauswahl für die feine Küche war nicht groß: Es gab Parmesan und Emmentaler. Aufs Brot wurde ohnehin eher Quark oder Kochkäse gestrichen.

ZUTATEN FÜR 2 BLECHE:

200 g Mehl	200 g Butter
1 Messerspitze Salz	Ei zum Bestreichen
200 g geriebener Emmentaler	Salz oder Kümmel zum Bestreuen

Das Mehl mit dem Salz, dem Käse und der kalten Butter in Flöckchen rasch zu einem Mürbteig zusammenkneten. Etwa 1 Stunde im Gemüsefach des Kühlschranks ruhen lassen. Den Teig auf einer bemehlten Arbeitsfläche messerrückendick ausrollen. Mit einem Teigrädchen fingerbreite Streifen ausradeln, schräg in Stäbchen von etwa 6 cm teilen. Das Eigelb mit etwas Wasser verquirlen, die Stangen damit bestreichen. Nach Geschmack mit Salz oder Kümmel bestreuen.

Den Backofen auf 180 Grad vorheizen. Ein Blech fetten und mehlen, die Stangen darauf legen und in etwa 12 Minuten goldgelb backen. Abkühlen lassen und in einer Blechdose aufbewahren.

MAI

9

Die Maibutter

Der Mai ist gekommen, die Pferde schlagen aus», sangen wir, wenn wir sahen, wie es sogar unser altes Milchpferd Liese gepackt hatte. Sie trottete, den Wagen hinter sich herziehend, keineswegs mehr schwerfällig durch den tiefen Sand, sondern tänzelte bereits beim Anspannen wiehernd herum und benahm sich wie ein verspieltes Füllen. Wollte mein Bruder sie mit einer zusätzlichen Portion Hafer beglücken, keilte sie blitzschnell aus, ohne ihn vorher, wie es sich für ein anständiges Pferd gehört, durch angelegte Ohren zu warnen. Sie schlug ihm die Schwinge aus der Hand, und der Hafer prasselte ins Stroh. Eine Stunde später jagte sie mit kämpferischem Wiehern die erschreckten Kühe auf der Koppel auseinander. Dabei kam eine von ihnen so in Fahrt, dass sie mir nichts, dir nichts über den recht hohen Zaun segelte und die ganze Herde hinterdrein. Wir beobachteten es verblüfft, und Vater sagte anerkennend: «Könnte man direkt aufs Turnier schicken.»

Auch das sonst eher phlegmatische Möpschen zeigte plötzlich viel Unternehmungslust und begann, sich herumzutreiben. Einem von unserer Postfrau verbreiteten Gerücht zufolge war er angeblich in Dörfern gesehen worden, die selbst wir Kinder noch nie zu Gesicht bekommen hatten.

Mamsell sang jetzt nicht mehr das Lied von der Rasenbank am

Elterngrab, sondern gemeinsam mit den Mädchen: «Geh aus, mein Herz, und suche Freud.» Was diese allerdings an ihren freien Abenden zu Mutters Sorge – «Man hat ja schließlich die Verantwortung den Eltern gegenüber!» – etwas zu wörtlich nahmen und so erst weit nach Mitternacht wieder zurückkamen. Mutter spielte häufiger als sonst mit viel Pedal die Löwe-Ballade vom Nöck: «Komm wieder, Nöck, du singst so schön, wer singt, kann in den Himmel gehn. Du wirst mit deinem Klingen zum Paradiese dringen.» Sie versuchte, Vater zu überreden, doch einmal mit ihr nach Berlin zu fahren: «Endlich mal raus aus diesem Kaff.»

Vater tat mal wieder, als hätte sie von ihm verlangt, eine Expedition zum Nordpol zu starten. «Bei dem schönen Wetter in die Stadt?» Aber schließlich gab er nach. «Wenn du durchaus willst. Aber nur für einen Tag.»

Mehr als zu jeder anderen Jahreszeit genoss er jetzt seinen Wald, der langsam anfing, sich nach den grauen Wintermonaten wieder in seiner ganzen Pracht zu zeigen: Rot- und Weißbuchen, Rüstern, Eichen, Blautannen, Douglasien, Fichten und Kiefern. Es gab das übliche Gezerre um Agnes, die Mutter unbedingt für den Garten haben wollte, Vater aber für den Wald brauchte. Mutter interessierte sich für all das Grünzeug, wie sie es nannte, nur sehr am Rande. Aber ein Garten war natürlich unentbehrlich. Woher sollte man sonst Gemüse und Obst nehmen? Es in der Gärtnerei zu kaufen wäre niemandem in den Sinn gekommen, mit einer Ausnahme, dem Spargel. Und Mamsell saß Mutter im Nacken, dass zum Einwecken genug da war. Kräuter und natürlich Salat hatten nun ebenfalls zur täglichen Verfügung zu stehen, und in den Sommermonaten war ja frisches Obst wohl eine Selbstverständlichkeit. Doch all das musste gesät, gepflanzt, gehackt und begossen und zum Schluss geerntet werden. Eine Menge Arbeit also, was Vater natürlich genau wusste. Doch wenn Mutter davon anfing, hörte er nie so recht hin. Anders bei Mamsell, und so schickte Mutter sie ins Gefecht. Plötzlich war Agnes' Hilfe im Garten selbstverständlich. Für diese Einsicht versprach ihm Mamsell Kartoffelpuffer zum Mittagessen, die er besonders gern aß, genau wie ich.

Ich durfte beim Reiben helfen, was ich zunächst mit Feuereifer tat, aber schnell wieder aufgeben wollte. Doch Mamsell hatte ihren erzieherischen Tag und meinte, es sei an der Zeit für mich zu lernen, dass man nicht alles und jedes anfangen will und es dann nicht zu Ende bringt. Unnachgiebig hielt sie mich in der Küche fest, bis die letzte geschälte Kartoffel gerieben war. Zur Belohnung durfte ich ein paar Puffer in der winzigen Pfanne aus meiner Puppenstube selbst backen, begleitet von Mamsells warnenden Rufen: «Vorsicht, verbrenn dich nicht!»

Auf einem Puppenteller trug ich die mit Zucker bestreuten und mit reichlich Apfelmus versehenen Puffer nach oben, hatte aber das Kinderzimmer noch nicht erreicht, da waren sie bereits im Magen meines lässig vorbeischlendernden Bruders verschwunden. Ich fragte mich zum wiederholten Mal, warum man eigentlich unbedingt Geschwister haben musste und Einzelkinder so bedauert wurden, und lief heulend zu Mamsell, während mein Bruder sang: «Petze, Petze ging in 'n Laden, wollt für 'n Sechser Käse haben, für 'n Sechser Käse gibt es nich, Petze, Petze ärgert sich.»

Mamsell hörte sich mitfühlend, wenn auch etwas zerstreut, mein Klagelied an, schob meine Zopfspange hoch und sagte tröstend: «Ich hab was viel Schöneres für dich. Dreh dich mal um.»

Ich ahnte, was sie mir spendieren wollte, ihre herrlichen Biskuitküchel, und mir wurde bänglich zu Mute, denn die hatte ich mir längst heimlich so nach und nach aus der Blechdose geholt. Höchstens ein paar Krümelchen waren davon noch übrig. Doch ich hatte Glück, es war etwas anderes, ebenso Köstliches: Quittenbrot, sonst nur den Gästen vorbehalten, das gleichzeitig zuckrig und säuerlich auf der Zunge lag. Meine Erleichterung war so groß, dass ich Mamsell stürmisch um den Hals fiel, was sie teils rührte, teils befremdete.

«Nu mal sachte, Kind, was bist du exaltiert.» Sie fasste nach meiner Stirn. «Brütest du womöglich was aus? Hast du Fieber?»

Jetzt, wo die Kühe auf der Koppel waren, gab es zum Frühstück mit reichlich Zucker bestreute Dickmilch. Ein noch größerer Genuss aber war die Maibutter, die wir uns am liebsten fingerdick aufs Brot gestrichen hätten. Und es wunderte uns nicht, dass Möpschen auf diese Buttermilch besonders scharf war. Auch die Ausflügler, die sich mehr und mehr blicken ließen und zu Vaters Ärger «Märkische Heide, märkischer Sand» singend durch den Wald zogen, lobten Frau Trägenapps Butter über den grünen Klee, wenn sie unter ihrer blühenden Kastanie Rast machten. In manchen Lokalen, sagten sie – man wolle ja keine Namen nennen –, entspreche der Name leider nur zur Hälfte der Wahrheit, die andere Hälfte sei ordinäre eingesalzene Butter. Frau Trägenapp sei da eine große Ausnahme.

«Wat dat all jivt», staunte Frau Trägenapp und kippte ihnen geschickt die gewünschten frischen Rühreier, die auch nicht gerade von gestern waren, direkt aus der Pfanne auf den Teller. Schließlich mussten die für den Winter eingelegten auch mal aufgebraucht werden. Sie wünschte den Herrschaften guten Appetit und fragte: «Vielleicht noch 'n Bier gefällig oder 'ne Brause?»

Die Herrschaften nickten gnädig: «Wenn's unbedingt sein muss», horchten plötzlich auf und fragten: «Was summt denn da so komisch?»

«Ach, man bloß 'ne Hummel», sagte Frau Trägenapp und machte eine scheuchende Bewegung, «davon gibt's dies Jahr besonders ville.» Sie fügte beruhigend hinzu. «Keene Bange nich, die stechen nich.»

Damit hatte sie Recht, nur handelte es sich nicht um eine Hummel, sondern um eine Hornisse auf dem Weg zu einem großen Astloch in der Kastanie. Wahrscheinlich wollte sie auskundschaften, ob das Hornissennest vom vorigen Jahr wieder bezogen werden konnte.

Die Nächte waren voller Leben. Fledermäuse strichen durch die Luft, und es war fast ein Wunder, dass sie nie mit der Himmelsziege zusammenstießen, die über dem Hof ihre Kreise zog. Vom See her konnte man den dumpfen Ton der Rohrdommel hören, Frösche quakten, und sogar der Uhu meldete sich. Aber am meisten spielte sich die Nachtigall in den Vordergrund. Die ersten Tage lauschten wir ihr voll Entzücken, aber wie alles Schöne wurde ihr Gesang erst zur Gewohnheit und schließlich sogar störend. Jedenfalls für Vater. Eines Nachts wachte ich davon auf, dass er die Treppe hinunterging, die Haustür aufriss und mit dem Luftgewehr meines Bruders mehrere Schüsse abgab. Die Nachtigall schwieg tatsächlich erschrocken, und ich hörte Vater murmeln: «Na also.»

Er war noch nicht wieder im Schlafzimmer, da schluchzte und schmetterte sie erneut los und, wie es mir vorkam, lauter als zuvor.

Kartoffelpuffer mit Apfelmus

Das besondere Aroma der Puffer kommt vom leicht süßlichen Geschmack des Schweineschmalzes. Sie können es zur Not durch Butterschmalz ersetzen. Am besten sind mehlig kochende Kartoffeln geeignet. Den Kartoffelsaft gründlich abschöpfen – bei fest kochenden oder Früh-Kartoffeln ist das oft sehr viel.

Zutaten für 4 Personen:

1 kg mehlig kochende Kartoffeln	2 Eier
1 EL Mehl	1 EL Sauerrahm
Salz	Schweineschmalz zum Braten

Die Kartoffeln waschen, schälen, kurz in kaltes Wasser legen und dann über einer Schüssel mittelfein raspeln – der Geschmack hängt stark von der Größe der Raspel ab. Den Kartoffelsaft abschöpfen, die Raspel mit Mehl überstäuben, salzen und die Eier samt Sauerrahm zugeben. Das Fett ½ cm tief in einer großen Pfanne zerlassen, erhitzen und einzelne Puffer in die Pfanne setzen. Bei mittlerer Hitze von beiden Seiten goldgelb backen, auf Küchenpapier abtropfen lassen. Mit dem lauwarmen Apfelmus zu Tisch geben.

Tipp: Gießen Sie den Kartoffelsaft nicht weg! Roher Kartoffelsaft ist ein wahres Magenpflaster: Er wirkt gegen Sodbrennen und enthält viel Vitamin C. Außerdem eignet er sich gut, um Ränder und Flecken in Glasvasen und Gläsern zu entfernen.

Apfelmus

Je besser die Äpfel, desto sparsamer die Würze heißt es in den alten Koch-büchern. Geeignet sind von unseren heutigen Sorten Boskoop, Berlepsch oder Cox Orange. In der warmen Jahreszeit wurde das Mus kalt serviert, in der kalten Zeit gerne warm – oder sogar überbacken wie in diesem Rezept.

ZUTATEN FÜR 4 PERSONEN:

1 kg säuerliche Äpfel   2 EL Aprikosenkonfitüre
1 Stück Vanillestange   1 Stich Butter
etwa 60 g Zucker

Die Äpfel waschen, schälen, in Viertel schneiden und das Kerngehäuse entfernen. Mit 1 Tasse Wasser, der Vanille und der Hälfte Zucker in einem Topf bei kleiner Hitze etwa 20 Minuten dünsten, bis sie weich sind. Die Vanille entfernen und die Äpfel durch ein feines Sieb streichen, mit Kon-fitüre und Butter verrühren. In eine feuerfeste, flache Form geben und mit dem übrigen Zucker bestreuen. Im vorgeheizten Backofen bei 180 Grad eine Viertelstunde überbacken.

Tipp: Unter die Zuckerhaube können Sie noch eine Baiserschicht aus 2 steif geschlagenen Eiweißen und 4 EL Zucker streichen – dann ist es eher ein Dessert.

Kopfsalat mit Speck

Rohkost war kaum Mode – doch immerhin raten alte Kochbücher dazu, Blattsalat nur frisch anzumachen und nicht im Wasser liegen zu lassen. Speck war aus eigener Produktion vorhanden. Deshalb wurde er auch gerne statt Öl zur Salatsoße genommen.

Zutaten für 4 Personen:

1 großer Kopfsalat	50 g durchwachsener Speck
1 Bund Schnittlauch	3 EL Weinessig
1 Handvoll Borretsch	Salz, Pfeffer, 1 Prise Zucker

Den Salat putzen und waschen, abtropfen lassen. Die Kräuter waschen, trocken schütteln. Den Schnittlauch in Röllchen schneiden, Borretschblättchen und -blüten vom Stengel zupfen. Den Speck fein würfeln, bei kleiner Hitze zerlassen, bis er knusprig ist. Mit Essig und 1–2 EL Wasser ablöschen, die Kräuter, etwas Salz, Pfeffer und eine Prise Zucker zugeben und den Salat in diesem Dressing schwenken.

Gartenkressesalat

Gartenkresse wurde das ganze Jahr gezogen. Sie können heute Kressekästchen kaufen – oder Kresse selber ziehen. Milder und größer ist aber frisch geschnittene Kresse vom Gärtner.

Zutaten für 4 Personen:

300 g Gartenkresse

2 hart gekochte Eigelbe

1 EL Senf

Salz, Pfeffer

½ TL Zucker

2–3 EL Essig

3 EL Öl

Die Kresse waschen und gut abtropfen lassen. Die Eigelbe durch ein Haarsieb drücken, mit den übrigen Zutaten nach und nach zu einem Dressing rühren. Mit 1–2 Esslöffel Wasser etwas verdünnen, pikant abschmecken und unter die Kresse ziehen.

Tipp: Radieschenscheiben schmecken sehr gut in diesem Salat – selbst wenn das damals unüblich war.

SPINATFRÖSCHE

Diese kleinen Spinatpuddings wurden als Garnitur zu Braten gereicht. Mit Käsebéchamel werden sie zum Hauptgericht.

ZUTATEN FÜR 4 PERSONEN:

1 kg Blattspinat	2 Eigelbe
4 EL Butter	200 ml Milch
2 EL Mehl	Salz, Pfeffer, geriebene Muskatnuss

Den Spinat verlesen, putzen, waschen und abtropfen lassen. In reichlich kochendem Salzwasser in mehreren Partien etwa 2 Minuten aufkochen lassen (blanchieren). Jede Partie mit einem Schaumlöffel herausheben. In einem Sieb gut ausdrücken, dann sehr fein hacken oder durch die Flotte Lotte rühren, nochmals alle Flüssigkeit abgießen.

2 EL Butter zerlassen, das Mehl darin anschwitzen. Vom Herd nehmen, die Milch unterrühren und bei kleiner Hitze zu einer sehr dicken Soße kochen, vom Herd nehmen. Zunächst 2 Eigelbe, dann den Spinat unterziehen und mit Salz, Pfeffer und Muskat sehr pikant würzen.

Den Backofen auf 180 Grad vorheizen. 8 schmale Tässchen oder Förmchen dick mit Butter ausstreichen, die Spinatmasse bis eine Fingerbreite unter den Rand einfüllen, auf den Rost in die mittlere Schiene des Backofens schieben und etwa 35 Minuten backen, bis sich die Frösche auch in der Mitte fest anfühlen. Stürzen und zum Braten reichen. Oder mit Béchamelsoße (Rezept Seite 20), die mit Reibkäse abgeschmeckt wird, und Kartoffeln auftischen.

Kopfsalat à la crème

Früher wurde Salat auch als Gemüse zubereitet. Probieren Sie es mit sehr kräftigem Kopfsalat oder mit Eisbergsalat.

Zutaten für 4 Personen:

2 feste Kopfsalate oder
 1 großer Eisbergsalat
Salz
2 EL Butter
1 EL Mehl

0,2 l Fleischbrühe
3–4 EL süße Sahne
Pfeffer
geriebene Muskatnuss
1 Eigelb

Den Salat putzen, waschen und in reichlich Salzwasser blanchieren, kurz kalt abschrecken und gut abtropfen lassen. Den Salat in etwa 5 cm breite Streifen schneiden. Inzwischen 1 EL Butter mit dem Mehl anschwitzen, vom Feuer nehmen und die Fleischbrühe unterziehen. Eine Viertelstunde leicht kochen lassen. Dann mit Sahne, Salz, Pfeffer und Muskat abschmecken. Den abgetropften Salat zugeben. 1 Eigelb mit 1 Löffel Wasser verrühren, mit Soße anrühren und unterziehen. Mit der übrigen Butter und den Gewürzen abschmecken. Passt zu Fisch und Kartoffeln.

Mairübchen

Sie werden schon im März ausgesät und gehören zum ersten Frühlingsgemüse. Fast sind sie in Vergessenheit geraten. Ihr aparter, etwas herber
Geschmack gewinnt durch den Karamell.

Zutaten für 4 Personen:

1 kg kleine Mairübchen	¼ l kräftige Fleischbrühe
2–3 EL Butter	oder Bratensaft
1 EL Zucker	Salz, Pfeffer
1 EL Mehl	geriebene Muskatnuss

Die Rübchen waschen, putzen und schaben. Möglichst nicht durchschnei-
den, sonst karamellisieren sie nicht so gut. 2 EL Butter mit dem Zucker
hellbraun werden lassen, die Rübchen zugeben und unter Rühren karamellisieren. Dann mit Mehl bestäuben und die Fleischbrühe zufügen, würzen. In
etwa 20 Minuten gar schmoren lassen. Mit Butter, Salz, Pfeffer und Muskat
abschmecken. Passt zu Kotelett oder Kassler und Bratkartoffeln.

10

Der duhne Maikäfer

Vater fand, der viel gepriesene Mai habe auch seine Schattenseiten. «Das stimmt», sagte Mutter. «Die Eisheiligen haben es oft in sich. Ich denke da nur an die Apfelblüte voriges Jahr. Alles erfroren. In der ganzen Gegend waren kaum Äpfel zu kriegen.»

Vater schüttelte ernst den Kopf. «Das meine ich nicht. Das sind Naturgesetze. Ich meine, viel zu viele Vergnügungen.»

«Vergnügungen?» Mutters Stimme hob sich. «Was verstehst du unter Vergnügungen? Wohl doch kaum die so genannte Herrenpartie. Dieses Männerbesäufnis am Gründonnerstag.»

Vater machte sein Teils-teils-Gesicht. Teils war natürlich jede Art von Besäufnis verwerflich, teils gab es doch ganz nette Erinnerungen an diesen Tag. Als junger Leutnant war man im Sommeranzug, die Kreissäge flott in die Stirn gedrückt, den Spazierstock schwingend, mit seinen Kameraden im Kremser durch die Gegend kutschiert, was zu so manchem Erfreulichen führte, zum Beispiel der Biergartenkellnerin mit dem leichten Silberblick.

«Was kuckst du so versonnen?», fragte Mutter argwöhnisch.

«Ich? Wieso? Mir fiel nur gerade ein Spruch aus meiner Leutnantszeit ein: ‹Doch der Jüngling sprach beherzt, ei, wie nett ward das gescherzt.› Ich meine, so eine Herrenpartie kann schon ganz lustig sein.»

«Du musst es ja wissen», sagte Mutter spitz.

«Hast du mich je betrunken gesehen?», fragte Vater gekränkt. «Beschwipst vielleicht.»

«Ich weiß nur», sagte Mutter, «dass wir im Luch eine Stunde immer im Kreis gefahren sind und das bei zehn Grad unter Null, weil du, wie du es nennst, einen Schwips hattest.»

Vater grinste ein bisschen verlegen. Glücklicherweise war er eingeschlafen, und Mutter hatte ihm die Zügel aus der Hand nehmen können, zur Erleichterung der vor Kälte prustenden Pferde, die sehr schnell allein nach Haus fanden.

«Intelligente Tiere», sagte Vater. «Von mir extra danach ausgesucht. Ich weiß schon, was ich kaufe.» Und um von dieser kleinen Peinlichkeit abzulenken, erzählte er wieder einmal die Geschichte von dem «Individuum» im Bienenschauer, die wir fast auswendig konnten. Vor ein paar Jahren nämlich hatte man dort am Freitagmorgen nach Himmelfahrt einen offensichtlich seinen Vollrausch ausschlafenden Mann gefunden mit dem friedlich schnarchenden Möpschen im Arm. Nun war uns ja bekannt, dass Möpschens zweites Lieblingsgetränk nach der Buttermilch leider, leider der Alkohol war, vor allem Bier, das er gern vom Teller leckte, der im Keller die Tropfen des Siphons auffing. Die Fahne der Bierleiche musste ihm also wohl sehr sympathisch gewesen sein, was zu dieser ungewöhnlichen Zutraulichkeit geführt hatte. «Der Mann war natürlich nicht von hier», fügte Vater hinzu.

Ehe Mutter, die schon die Augenbrauen hochzog, etwas sagen konnte, kam Vater wieder auf die Vergnügungen zurück. Abgesehen von Pfingsten, dem lieblichen Fest, für das seiner Meinung nach Unmengen an Schokolade in Form von Maikäfern gekauft wurden, und das so schnell nach Ostern, und abgesehen von der erwähnten Herrenpartie gebe es da noch das Schützenfest, und Zirkus Sarassani sollte überflüssigerweise auch gastieren. «In Ferchesar sind sie gerade dabei, vor der ‹Perle des Westhavellandes› ein Karussell aufzubauen, und Frau Trägenapp hat Bockbier bestellt. Wohin soll das alles führen?»

«Bockbier?», fragte Mutter interessiert. «Ein paar Flaschen könnten wir gut gebrauchen, wo wir heute Abend Gäste haben.»

Vater fuhr ordentlich zusammen. «Gäste? Schon wieder? Warum sagt mir das kein Mensch?»

«Der Mensch, der neben dir sitzt, spricht seit einer Woche davon», sagte Mutter.

«Tatsächlich?» Vater kuckte erstaunt. «Und was hat uns Mamsell zugedacht?»

«Spargel natürlich. Und dazu eine leichte Bowle, vielleicht Waldmeister.» Und zu uns Kindern gewandt: «Den könnt ihr nachher pflücken. Frau Trägenapp sagt, dieses Jahr gibt es eine Menge davon.»

«Aber man muss schon wissen, wo er steht», sagte Vater, und so zog er mit uns in den Wald. Möpschen lief eifrig schnüffelnd voran, als wüsste er, was wir suchten, und war bald unseren Blicken entschwunden.

«Da lang», sagte Vater, und wirklich, wir standen plötzlich vor einem kleinen Teppich dieses würzigen Krautes, auf dem sich Möpschen hingebungsvoll räkelte.

«Waldmeister-Bowle mit Möpschenaroma, eine völlig neue Geschmacksvariante», sagte Vater. «Aber wir werden schon noch woanders welchen finden.»

Das taten wir auch. Dann setzten wir uns auf einem Baumstamm und ließen uns von der Sonne bescheinen. Wir zerrieben den Waldmeister zwischen unseren Fingern und genossen seinen Duft. Vater zauberte plötzlich Himbeerbonbons in einer braunen Tüte aus seiner Hosentasche. «Jeder einen», sagte er warnend, als wir danach griffen. Auch Möpschen bedachte er, obwohl er es nicht verdient hatte.

Dann fragte Vater plötzlich: «Habt ihr gehört?»

Wir nickten. Der Kuckuck meldete sich zum ersten Mal in diesem Jahr. Wer jetzt Geld in seiner Tasche hatte, und sei es nur ein Pfennig, würde das ganze Jahr hindurch gut damit versorgt sein. Fieberhaft durchkramten wir unsere Taschen. Aber außer Bleistiftstümpfen, Sicherheitsnadeln, Patronenhülsen, Taschenmessern und Marmeln, einem sandigen, halb abgelutschten Malzbonbon, Schnurresten, Zopfspangen, Haarklemmen und abgebrannten Streichhölzern in einer Schachtel war bei keinem etwas zu finden. Die Folgen zeigten sich auf der Stelle. Als wir nach einem weiteren Himbeerbonbon verlangten, schüttelte Vater nur den Kopf. «Wir müssen sparen, meine Herrschaften. Das seht ihr ja.»

Wir lieferten den Waldmeister in der Küche ab, wo Mutter und Mamsell sich gerade über den Spargel beugten und darüber diskutierten, wie man ihn zubereiten sollte. Statt des vorgesehenen Stangenspargels doch besser mit Holländischer Soße oder in Form von Spargelpudding, den alle Gäste liebten? Eine schwierige Entscheidung, bei der wir Kinder mal wieder sehr störten. So verzogen wir uns schnell, und ich ging in den kleinen Park und machte mich auf die Suche nach Maikäfern. Bis jetzt hatte ich im Gegensatz zum vorigen Jahr noch nicht einen einzigen finden können. Da hatte es geradezu von ihnen gewimmelt, so dass selbst die Hühner, die sie sonst aufpickten, an dieser Art Futter keinen Gefallen mehr fanden. Sie brummten durchs Haus, fielen in brennende Petroleumlampen, wo sie unter fürchterlichem Gestank verkohlten, und krabbelten auf den Kokosläufern herum. Am See unter einer der Eichen fand ich endlich einen Müller, ein stattliches Exemplar, das ich im Kinderzimmer in eine mit frischem Laub gepolsterte und mit Löchern versehene Zigarrenkiste sperrte. Meine liebenswürdige Schwester, die schon ihr Sonntagskleid trug, nannte mich eine olle Transuse, weil ich noch nicht umgezogen war.

Ich wurde trotzdem rechtzeitig fertig, die Gäste kamen pünktlich, und der Stangenspargel, zu dem sich Mamsell und Mutter schließlich doch entschlossen hatten, wurde sehr gelobt. Doch meinem Bruder stand trotz Vaters abschreckender Geschichte von dem Saufkopf im Bienenschauer der Sinn nach anderem. Während die Gäste im Salon ihren Mokka nahmen, einen Cognac tranken und die Männer ihre Zigarre rauchten, kehrte er ins Esszimmer zurück, bevor die Mädchen zum Abräumen kamen, trank erst alle Reste aus den Weingläsern und schenkte sich dann aus der Bowlenkanne von dem inzwischen vom Waldmeister reichlich durchzogenen Getränk nach. Ich stöberte ihn im Kinderzimmer auf, wo er leicht schwankend vor dem Waschtisch stand und sich meinen Müller betrachtete, der in einer kleinen, stark nach Alkohol riechenden Pfütze auf dem Rücken lag und mit den Beinen zappelte.

«Kiek mal», sagte mein Bruder mit schwerer Zunge. «Völlig duhn, dein Müller. Na, hat er auch 'nen kleinen Spaß gehabt.» Er packte ihn, ging zum Fenster und warf ihn hinaus.

Leider hatte das Schicksal sich gegen meinen Maikäfer entschieden. Ehe er davonfliegen konnte, pickte ihn ein Huhn auf. Doch bevor ich den altbekannten Satz «Das sage ich Vater!» von mir geben konnte, zog mein Bruder blitzschnell etwas unter meinem Bett hervor, Zitronenkrem in einem der Kelchgläser, die von niemandem abgewaschen werden durften außer von Mamsell. Ich aß sie schneller auf, als jeder Maikäfer fliegt.

«Na siehste», sagte mein Bruder befriedigt. «Bring es schnell ins Esszimmer zurück. Aber lass dich nicht erwischen.»

Erwischen ließ ich mich nicht, aber ich stolperte, und statt der zwölf Wappengläser gab es nur noch elf.

WALDMEISTERBOWLE

Waldmeister ist etwas in Verruf geraten, seit man entdeckte, dass er Kumarin enthält. Heute weiß man, dass die Mengen so gering sind, dass sie schlimmstenfalls Kopfschmerzen verursachen können. Pflücken Sie die jungen Triebe vor der ersten Blüte und lassen Sie das Kraut nicht länger als 10 Minuten ziehen, dann ist die Bowle mit Sicherheit nicht nur köstlich, sondern auch bekömmlich. Sie können auch den Zucker weglassen – er unterstreicht den Waldmeistergeschmack –, damals mochte man es eher lieblich.

ZUTATEN FÜR 1,5 LITER:
- 1 Hand voll Waldmeister ohne Blüten
- 2 Flaschen trockener Weißwein (Grauburgunder oder Riesling)
- 1 unbehandelte Apfelsine
- 3 EL Zucker

Die unteren Blätter und Stiele des Waldmeisters entfernen, die Kräuter zum Sträußchen binden. In eine Karaffe legen und mit dem eisgekühlten Wein begießen. Im Kühlen 10 Minuten ziehen lassen. Inzwischen die Apfelsine heiß waschen, samt Schale in Spalten schneiden und mit dem Zucker zur Bowle geben. Eisgekühlt servieren.

Tipp: Heute mag man die Bowle spritziger: Sie können noch 1 Flasche Sekt zugeben.

Spargel mit Holländischer Sosse

Spargel wuchs in der Mark Brandenburg auf den sandigen Böden hervorragend. Eigentlich hat sich das Rezept bis heute nicht sehr geändert.

Zutaten für 4 Personen:

2 kg Stangenspargel
Salz
1 Prise Zucker
1 Stich Butter

Für die Soße:

2 EL Spargelwasser
1 EL Estragonessig
Pfeffer, Salz
4 frische Eigelbe
150 g frische Butter
2 EL süße Sahne
Saft ½ Zitrone

Den Spargel waschen, großzügig schälen (die Schalen für eine Suppe aufheben). Zu 6 bis 8 Stangen in Bündeln zusammenbinden und in leicht gesalzenem Wasser mit Zucker und Butter etwa 15 Minuten garen. Herausheben und abtropfen lassen.

Inzwischen die Soße zubereiten: Spargelwasser mit Essig und etwas Salz und Pfeffer auf die Hälfte einkochen. Dann den Tiegel in ein kochendes Wasserbad stellen. Die Eigelbe mit 2 EL kaltem Wasser anrühren, unter den Fond schlagen und mit einem Holzlöffel im kochenden Wasserbad rühren, bis die Eier beginnen, dick zu werden. Dann portionsweise Butterstückchen zugeben. Jedes Stück muss gut verrührt sein, bevor das nächste hineinkommt. Zwischendurch immer wieder einige Tropfen kaltes Wasser unterrühren, damit die Soße sicher nicht gerinnt. So lange im Wasserbad rühren, bis sie dick ist. Dann mit einem Schneebesen Sahne und Zitronensaft unterschlagen, mit Salz abschmecken. Im Wasserbad warm halten. Zum Spargel und zu Kartoffeln servieren.

Tipp: Herzhafter schmeckt die Soße mit saurer statt süßer Sahne. Den Zitronensaft dann weglassen.

SPARGELPUDDING

Puddings, im Wasserbad gegart, waren die Vorläufer unserer Aufläufe. Es gab sie nicht nur süß, sondern auch pikant. Die dazu nötige Wasserbadform ist in vielen Haushalten nicht mehr vorhanden. Garen Sie stattdessen den Pudding in einer großen Kastenform im Wasserbad im Backofen. Stellen Sie sie in die mit heißem Wasser gefüllte Fettpfanne.

ZUTATEN FÜR 4 PERSONEN:

1 große Kastenform (28 x 10 cm)	40 g Butter
1 kg Spargel	60 g Mehl
Salz	150 ml Milch
1 Stückchen roher Schinken	3 Eier
1 Prise Zucker	1–2 EL Zitronensaft

Die Kastenform leicht einfetten, mit zurechtgeschnittenem Backpapier auslegen. Den Backofen auf 180 Grad vorheizen.

Den Spargel waschen und schälen (Schalen aufbewahren). $3/4$ l Wasser zum Kochen bringen, etwas Salz, Schinkenstück und Zucker zugeben und dann den Spargel darin etwa 20 Minuten weich kochen. Herausheben und abtropfen lassen. Im Sud die Spargelschalen 30 Minuten auskochen lassen (für die Spargelsoße).

Die obere Hälfte der Spargelstangen abschneiden, die untere Hälfte auf einem Küchentuch gut abtropfen lassen und dann pürieren. Die Butter mit dem Mehl glatt verrühren. Die Milch aufkochen, nach und nach unter die Mehlmischung rühren, am Ende das Spargelmus zugeben und alles so lange kochen, bis es sich vom Löffel löst. Dann die Eier trennen, Eigelbe nach und nach unterrühren. Die Eiweiße steif schlagen und unterziehen. Die Krem nochmals kräftig würzen und mit Zitronensaft abschmecken. Krem und Spargelspitzen nach und nach in die Form schichten. Im heißen Backofen 1½ Stunden backen. Im abgeschalteten Ofen noch 15 Minuten rasten lassen, dann herausnehmen und stürzen. Mit Spargelsoße zu Tisch geben.

Spargelsoße

Die Soße wird aus dem Spargelsud gekocht, eine sehr leichte und sparsame Verwertung.

ZUTATEN FÜR 4 PERSONEN:

2 EL Butter	½ TL Zucker
1 EL Mehl	1–2 Eigelb
½ l Spargelbrühe	2–3 EL Weißwein
Salz, geriebene Muskatnuss	100 g Sauerrahm 20 % Fett

Butter und Mehl hell anschwitzen, vom Herd nehmen und nach und nach mit der Spargelbrühe verrühren. Wieder zum Kochen bringen, würzen und 15 Minuten leise kochen lassen. Die Eigelbe mit dem Wein anrühren, einige Löffel Soße unterziehen und die Mischung dann unter ständigem Rühren in die Soße gießen. Nicht mehr aufkochen lassen, aber unter ständigem Schlagen bis kurz vor den Kochpunkt erhitzen. Dann den Sauerrahm unterziehen, abschmecken und zum Spargel(-Pudding) reichen.

Leipziger Allerlei

In diese Luxusmischung gehört das erste Frühlingsgemüse – und Krebse. Früher als Beilage gedacht, avanciert es heute zum Hauptgericht. Aber keine Sorge: Es schmeckt auch ohne komplizierte Krebsgarnitur!

Zutaten für 4 Personen:

20 g getrocknete Morcheln

1 kleiner Blumenkohl

1 Bund Fingermöhren (kleinfingergroß)

500 g Spargel

250 g Zuckererbsen

1 Tasse Milch

Salz

Zucker

etwa 60 g Butter

1 EL Mehl

2 EL süße Sahne

Cayennepfeffer

geriebene Muskatnuss

Für die Krebsgarnitur:

1 Möhre

1 Stück Sellerie

1 Zwiebel

Salz

1 TL Kümmel

8 Krebse

50 g (Krebs-)Butter

2 Eier

50 g geriebenes Weißbrot

Cayennepfeffer

geriebene Muskatnuss

Die Morcheln waschen, über Nacht in 1 Tasse Wasser einweichen. Das Gemüse waschen. Blumenkohl in Röschen teilen, in der Milch mit $1/2$ Tasse Wasser und etwas Salz 15 Minuten garen. Die Möhren putzen, schrubben und in 1 EL Butter andünsten, salzen, 1 Prise Zucker und einige Löffel Wasser zugeben, etwa 10 Minuten garen. Spargel schälen, in 3 Teile schneiden und in leicht gesalzenem Wasser mit 1 Prise Zucker und einem Stich Butter 10 Minuten kochen. Enden von den Zuckererbsen abknipsen und die Zuckererbsen in den letzten 5 Minuten mit dem Spargel mitkochen. Gemüse mit dem Schaumlöffel herausheben. Morcheln längs vierteln. Aus 2 EL Butter und dem Mehl eine helle Schwitze machen, vom Herd nehmen und mit 1 Tasse Blumenkohlmilch, dem übrigen Morchelwasser samt Morcheln und 1 Tasse Spargelwasser aufgießen. Unter Rühren wieder zum Kochen bringen, 10 Minuten leicht kochen lassen, so viel Blumenkohlmilch und Spargelsud zugeben, dass die Soße eine fließende Konsistenz hat, mit Sahne, Salz, Zucker, Cayennepfeffer und Muskat abschmecken. Das Gemüse auf einer Platte anrichten, nur mit 2 EL Krebsbutter beträufeln oder mit Krebsen garnieren. Die Soße extra dazu reichen. Als Beilage: Kartoffeln oder Reis oder Blätterteig-Fleurons.

Für die Krebse in einem großen Topf reichlich Wasser mit dem zerkleinerten Suppengemüse, Salz und Kümmel zum Kochen bringen. 1 Krebs hineinwerfen, wenn das Wasser kocht, den nächsten Krebs hineingeben. Wenn 4 Krebse im Topf sind, in 8 Minuten gar ziehen lassen, herausheben. Dann mit den übrigen 4 Krebsen ebenso verfahren. Krebse ausnehmen – Scheren dazu knacken, aus den Schwänzen die Därme entfernen. Die Krebsnasen, also die Köpfe, auswaschen und beiseite legen. Aus den übrigen Schalen Krebsbutter (Seite 125) zubereiten. 50 g dieser Butter mit den Eigelben und Bröseln verrühren, pikant würzen. Eiweiße zu Schnee schlagen, unterziehen und mit der Masse die Krebsnasen füllen. Aus dem Rest Klößchen abstechen. Nasen und Klößchen im Krebssud etwa 10 Minuten gar ziehen lassen. Das Krebsfleisch in einigen Löffeln Sud wieder erhitzen, mit Nasen und Klößchen auf dem Gemüse anrichten.

HECHTKLÖSSCHEN IN KREBSSOSSE

Früher wurde der Hecht zweimal durch die feine Scheibe des Fleischwolfes gedreht. Heute können Sie ihn pürieren. Frieren Sie ihn aber vorher an, sonst wird das zarte Fischfleisch zu heiß und bindet schon beim Pürieren ab.

ZUTATEN FÜR 4 PERSONEN:

1 Hecht (ca. 1,2 kg)	1–2 EL Essig
3 Scheiben altbackenes Weißbrot	Salz, Cayennepfeffer
100 ml süße Sahne	2 Eigelb
1 Zwiebel	40 g Krebsbutter (Seite 125)
Salz	1 EL Mehl
1 Lorbeerblatt	2 EL süße Sahne
2 Pimentkörner	1 Prise Zucker

Den Hecht waschen, ausnehmen, die Haut entfernen und den Hecht filetieren. Dabei darauf achten, dass das Hechtfleisch grätenfrei ist (Vorsicht: Hecht hat unendlich viel Gräten!). Dann die Filetstückchen im Tiefkühlfach 15 Minuten anfrieren.

Inzwischen 1 l Wasser mit den Fischabfällen, der geschälten, halbierten Zwiebel, Salz, Lorbeer, Piment und Essig zum Kochen bringen und etwa 1 Stunde kochen lassen, durch ein Sieb gießen.

In der Zwischenzeit das Brot entrinden, klein schneiden und mit der Sahne einweichen. Den angefrorenen Fisch im Blitzhacker pürieren, nochmals durch ein grobes Sieb streichen – wegen der Gräten! Das Fischmus mit dem Sahnebrot, den Eigelben, Salz und Cayennepfeffer zu einer glatten Masse rühren – oder mit dem Pürierstab kurz vermengen. Klößchen abstechen und in 2 bis 3 Partien im leicht wallenden Sud etwa 4 Minuten pochieren. Mit dem Schaumlöffel herausheben.

Für die Soße die Krebsbutter mit dem Mehl anschwitzen. Vom Herd ziehen und mit etwa ½ l Fischfond angießen, 10 Minuten leicht kochen lassen. Mit Sahne und Gewürzen abschmecken, Klößchen in der Soße heiß werden lassen. Mit Reis zu Tisch geben.

Tipp: Statt Hecht eignet sich auch Forelle. Noch einfacher geht es mit ca. 600 g Zanderfilet – Fischfond gibt es auch fertig aus dem Glas.

ZITRONENKREM

Für Abendeinladungen wurde Weißwein statt Wasser genommen. Die Krem wird nicht schnittfest, sondern behält eine kremige Konsistenz. Sie darf nicht richtig kochen, sonst gerinnt das Ei.

ZUTATEN FÜR 4 PERSONEN:

1 unbehandelte Zitrone	80 g Zucker
1 Stück Würfelzucker	1 TL Mehl
4 Eier	$\frac{1}{8}$ l Wasser

Die Zitrone heiß abwaschen. Würfelzucker daran abreiben, bis er ganz von Zitronenöl durchtränkt ist (Sie können die Zitronenschale auch dünn abraspeln). Mit den Eiern und dem übrigen Zucker schaumig rühren, dabei das Mehl zufügen. Die Zitrone auspressen und den Saft mit dem Wasser zur Krem geben. Diese Masse bei sehr kleiner Hitze (Vorsichtige nehmen das heiße Wasserbad) auf kleinster Flamme aufschlagen, bis die Krem dicklich ist. Nach dem ersten Aufpuffen ins kalte Wasserbad stellen und kurz weiterschlagen. Dann auf 4 Schälchen verteilen – sie wird so am besten fest. Mindestens 4 Stunden gut kühlen. Nach Wunsch mit Vierteln von Zitronenscheiben und etwas Schlagsahne garnieren.

Englische Rhabarberpastete

Englisch galt als fein – von der Kleidung bis zum Essen. Und die berühmten Pies wurden gerne gereicht – schließlich waren sie sparsam und praktisch. Anders als heute wurden sie in tiefen Formen gebacken.

ZUTATEN FÜR 1 HOHE AUFLAUFFORM Ø 20–22 CM:

1 kg Rhabarber	1 Prise Salz
2 EL Wasser	etwas kaltes Wasser
250 g Zucker	80 g Zwiebackbrösel
1 großes Ei	1 Zitrone
250 g Mehl	Zimt
200 g kalte Butter in Flocken	

Den Rhabarber waschen, putzen und in 1–1,5 cm breite Stücke teilen (früher musste man die Stiele abziehen, bei den heutigen Sorten ist das meist nicht mehr nötig). 2 EL Wasser mit 4 EL Zucker erhitzen, den Rhabarber darin etwa 10 Minuten dünsten, so dass er noch weich bleibt, abtropfen lassen.

Das Ei verkleppern, 1 EL abnehmen. Den Rest Ei mit Mehl, kalten Butterflocken, Salz und so viel Eiswasser wie nötig rasch zu einem Mürbteig kneten. Teigmenge halbieren. Eine Hälfte ausrollen. Die Pieform fetten und mit Zwiebackbröseln ausstreuen, Teig hineinlegen, am Rand hochziehen. Mit einer Gabel mehrfach einstechen, mit den übrigen Bröseln bestreuen.

Backofen auf 180 Grad vorheizen. Zitrone bis aufs Fruchtfleisch abschälen und in hauchdünne Scheiben schneiden, Kerne dabei entfernen.

Den Pieboden mit Rhabarber auslegen, mit Zucker und etwas Zimt bestreuen und mit Zitronenscheiben belegen. Weiter in dieser Reihenfolge einschichten, bis alle Zutaten verbraucht sind. Nun die zweite Teigportion ausrollen und auf die Füllung legen, rundherum den Rand nach innen stecken. Das Restei mit einigen Tropfen Wasser mischen, Teig damit bestreichen, zweimal mit einem Messer einschneiden. Im heißen Ofen auf der unteren Schiene etwa 45 Minuten backen. In der Form zu Tisch geben.

11

Die Delikatesse

Die Hühner produzierten nun nicht mehr allein für unseren Genuss, für Spiegel- und Rührei, Eierkuchen und Eier in Senfsoße, Omeletts und Soufflees. Jetzt stand ihnen der Sinn nach Nachwuchs. Gluckend liefen sie über den Hof und kündigten damit an, dass sie ein stilles Plätzchen für ihre Eier suchten, um sie zu bebrüten. Mamsell, die allein über Nest oder Bratpfanne bestimmte, suchte sorgfältig die zum Brüten vorgesehenen Eier aus. Die zukünftige Mutter bekam ein schönes Nest in einer ruhigen Ecke der Scheune, die Eier wurden hineingelegt, die verdutzte Henne wurde ergriffen und mit sanfter Gewalt auf das ihr fremde Gelege gesetzt. Begriffsstutzige Tiere, die nicht recht wussten, was sie davon halten sollten, und wieder fortstrebten, so dass Gefahr bestand, die Eier könnten unter dem Hin und Her leiden, bekamen vorsichtshalber für den ersten Tag einen Korb übergestülpt. Danach sah die Henne sehr schnell ein, was von ihr erwartet wurde, und blieb drei Wochen lang auf den Eiern sitzen, die sie nur zum Fressen und Trinken für kurze Zeit verließ. Natürlich konnten nicht alle Hühner in den Stand einer Mutter erhoben werden. Wer aber trotzdem seine Bemühungen nicht aufgeben wollte und weiter vor sich hin gluckte oder gar versuchte, eines der tönernen Nesteier zum Leben zu erwecken, hatte mit drastischen Maßnahmen zu rechnen. Mamsell sperrte das Unglückshuhn in einen Sack und ließ es dort für einen Tag im Dunkeln sitzen. Danach war es zumindest für die nächsten Monate von seinem Bruttrieb geheilt. Bis auf Mathilde. Auch sie hatte einmal diese Tortur über sich ergehen lassen müssen und diesen Schrecken nicht nur für Monate, sondern für immer im Gedächtnis behalten. Nie wieder brüten, das stand für sie fest.

Wir Kinder waren nun damit beschäftigt, junge Brennnesseln zu sammeln und unter Mamsells Anleitung das Kükenfutter zu mischen, in das nicht nur Brennnesseln, sondern auch klein gehackte harte Eier gehörten. Wir sahen zu, wenn die ersten Küken schlüpften, vertrieben fürsorglich den Habicht, der bereits erwartungsvoll über unserem Hof und der Wiese kreiste, und machten uns jeden Tag auf die Suche nach brütenden Enten. Sie legten ihre Eier still und heimlich in verborgenen Schlupfwinkeln längs des breiten Grabens, der zwischen Wiese und Lake lief, und erschienen dann irgendwann mit ihrem Nachwuchs auf dem Hof. Manchmal wurden sie auch von Möpschen aufgestöbert und uns über die Wiese, die an unserem Gartenzaun endete, zugetrieben, wobei die kleinen Entenküken in dem hohen Gras wahre Luftsprünge vollführen mussten, um mit ihrer verschreckten Mutter Schritt zu halten.

Enten und Gänse hielten wir nur in beschränktem Umfang, weil Vater der Dreck störte, den sie auf dem Hof machten. Allerdings waren es gerade die Gänse, die uns ein herzergreifendes Beispiel von Liebe und Treue liefern sollten. Einer unserer jungen Gänseriche, von dem Mamsell jedes Mal, wenn sie ihn sah, zufrieden meinte: «Genau die richtige Martinsgans und 'ne Menge guter Daunen», verliebte sich in eine von Frau Trägenapps Junggänsen, der dasselbe Schicksal blühte. Sie war ein vorwitziges Ding, das sich wie unsere Mathilde gern selbständig machte und eines Tages auf unserem Hof erschien. Die beiden wurden ein richtiges Paar, das sich liebevoll beschnatterte oder es sich,

eng aneinander gekuschelt, mitten auf der Dorfstraße in einer Sand-
kuhle gemütlich machte. Natürlich dachten sie nicht im Traum daran,
für die Heuwagen den Platz zu räumen, was viel Ärger verursachte und
unseren Gartenzaun bei den Ausweichmanövern in Mitleidenschaft
zog. Angesichts dieser Liebe brachte es niemand übers Herz, sich kalt
und gefühllos an ihren Daunen oder Gänsekeulen zu erfreuen, und so
kam die Gans dann ein Jahr später mit ihrem Nachwuchs auf unseren
Hof spaziert, um ihn dem stolzen Vater zu präsentieren, der aber nicht
das erwartete Interesse zeigte, sondern sich lieber in den Stall verzog.
Beleidigt wackelte sie wieder davon und ließ sich erst wieder blicken,
als die Gänseküken ihre mütterliche Fürsorge nicht mehr brauchten.
Sie kehrte zu ihrem Gänserich zurück, und sie nahmen einträchtig ihre
Spaziergänge zu ihren Lieblingsplätzen wieder auf, zum See, in die
junge Gerste – ja sogar im Wald begegnete ihnen Vater. Unsere Sorge,
der Fuchs könne sie holen, blieb lange unbegründet. Wahrscheinlich
waren ihm zwei so stattliche Gänse doch ein bisschen zu groß. Aber
wie so manche menschliche Liebesgeschichte endete auch diese auf
tragische Weise. Eines Tages kehrten beide nicht mehr zurück. Mit
Möpschens Hilfe suchten wir sie überall vergeblich. Als Erstes hatten
wir natürlich wieder den Fuchs im Visier. Aber nirgends waren Federn
von einem Massaker zu finden. Dann fiel unser Verdacht auf fahrendes
Volk, doch Vater meinte: «Dann hätten sie sich auch im Dorf blicken
lassen.» Schweren Herzens gaben wir das Suchen auf. Erst im August
fanden wir sie, zwei kleine Skelette, in einer Kiefernschonung. Einer
von den beiden, wer, ließ sich nicht mehr feststellen, war in eine
Kaninchenfalle geraten, und der andere war, getreu dem Spruch «Bis
dass der Tod euch scheidet», bei ihm geblieben und ebenfalls ver-
hungert. Vater war ganz ergriffen.

Selbstverständlich bekamen beide ein würdiges Begräbnis. Wir legten die in Seidenpapier eingewickelten Skelette in einen ausrangierten, mit schwarzer Tusche bemalten Schuhkarton und gruben ihnen ein sehr schönes Grab am Ende des Gartens, wo schon ein Kaninchen, ein Meerschweinchen, ein Kanarienvogel und ein Laubfrosch ihre letzte Ruhestätte gefunden hatten. Mamsell wusste diesen traurigen Anlass zu würdigen und bescherte uns zum Mittagessen einen Leichenschmaus. Taktvoll hatte sie Ente als Fleisch gewählt, die sie mit Rotkohl und Kartoffelklößen servierte, und zum Nachtisch gab es Grießflammeri mit Erdbeersaft. Vater fand das Essen für einen Wochentag reichlich üppig. Mutter sah ihn nachsichtig an: «Wäre es dir lieber gewesen, Mamsell hätte zum Andenken an die beiden Gänse mit Quark und Kleie vermischte Kartoffeln und dazu eine Kräutersoße aus Entengrütze angerichtet?»

Doch in diesem Frühjahr drängte sich Mathilde mal wieder in den Vordergrund. Sie war auf einen niedrig hängenden Ast eines hohen Baumes geflogen und aus unerfindlichen Gründen bis zum Wipfel emporgestiegen. Dort, wo die Äste nur noch die Stärke eines Spargels hatten, saß sie nun, vom böigen Wind heftig hin und her geschaukelt. Wir nahmen es gelassen, denn wir dachten, irgendwie wird sie schon herunterkommen. Aber als sie kurz vor Einbruch der Dunkelheit ängstlich gackernd immer noch dort oben saß, mussten wir etwas unternehmen, wenn Vater auch murrte: «Dämliches Huhn. Jetzt können wir uns auch noch das Genick brechen. Ab in den Kochtopf mit ihr, und Mamsell kocht uns eine ihrer vorzüglichen Bouillons mit Eierstich.»

«Nein!», schrien wir entsetzt.

Vater lenkte ein. «Also gut.» Er deutete auf meinen Bruder. «Dann rauf mit dir!»

Das war nun Mutter wieder gar nicht recht. «Das meinst du wohl nicht im Ernst! Das ist doch viel zu hoch für das Kind!»

«Er soll ja weiter nichts tun, als sie ein bisschen zu erschrecken, damit sie endlich den Abflug findet», sagte Vater.

Mein Bruder machte sich wieselflink ans Klettern, und er schaffte es tatsächlich, Mathilde herunterzuschütteln. Mit einem lauten Gackern setzte sie zum Sturzflug an und landete genau vor unseren Füßen. Einen Augenblick lang sah sie verdattert vor sich hin und rannte dann davon.

«Was haben wir nur für Tiere», seufzte Vater. «Eine Kröte in der Küche, ein Huhn auf dem Baum, zwei Gänseskelette im Garten und Kühe, die wir auf jedes Springturnier schicken können.»

In diesem Augenblick begann die Nachtigall zu singen. Seit neuestem hatte sie sich einen ganz eigenartigen Schluchzer zugelegt, der Vater an eine von ihm nicht sehr geschätzte asthmatische Kusine erinnerte.

«Dich hatte ich ja ganz vergessen!», rief Vater. «Du gehörst auch noch dazu.» Und zu Mutter gewandt: «In südlichen Ländern sollen ja Nachtigallzungen eine Delikatesse sein.»

Die Nachtigall schwieg erschüttert.

Eier in Senfsosse

Eigentlich müsste sie «Mostrichsoße» heißen, denn so wurde der Senf in Berlin und Brandenburg genannt. Am ehesten ist er mit Dijonsenf zu vergleichen: mild, mit einer kleinen Schärfe.

Zutaten für 4 Personen:

8 Eier	1 Lorbeerblatt
2 EL Butter	Salz, Pfeffer
2 EL Mehl	1 EL Weißweinessig
1/4 l Fleischbrühe	1 Prise Zucker
1/4 l Milch	4–5 EL mittelscharfer Senf

Die Eier an einer Seite anpieksen und dann ins kochende Wasser legen, in 6 bis 7 Minuten (je nach Größe) kernweich kochen, kalt abschrecken. Aus Butter und Mehl eine goldgelbe Mehlschwitze bereiten. Vom Feuer nehmen und nach und nach die Brühe und die Milch unterrühren, das Lorbeerblatt zugeben. Langsam unter Rühren zum Kochen bringen, etwa 10 Minuten kochen lassen. Das Lorbeerblatt herausfischen, mit Salz, Pfeffer, Essig, Zucker und Senf abschmecken. Noch leise köcheln lassen. Inzwischen die Eier pellen, halbieren und in eine vorgewärmte Terrine legen. Mit der Senfsoße umgießen. Dazu isst man Kartoffelbrei und Kopfsalat.

KÄSESOUFFLEE

Ein Soufflee kann nicht warten: Aufgeblasen (soufflé) wie es ist, fällt es schnell in sich zusammen. Heute, wo Personal rar geworden ist, stirbt das Soufflee deshalb fast aus – schade. Denn es ist eine Köstlichkeit! Es muss in einer hohen Form (ø 18 cm) gebacken werden, denn es steigt in der Form um das Doppelte.

ZUTATEN FÜR 4 PERSONEN:

3 EL Butter	Salz
2 EL Mehl	geriebene Muskatnuss
¼ l Milch	4 Eier
4 EL geriebener Parmesan	Fett für die Form

Den Backofen auf 200 Grad vorheizen. Die Butter mit dem Mehl goldgelb schwitzen. Vom Feuer nehmen und die Milch zugeben, in einigen Minuten dick kochen lassen. Vom Herd nehmen, Parmesan und Gewürze unterziehen. Die Eier trennen und nach und nach die Eigelbe unterrühren. Die Eiweiße zu steifem Schnee schlagen, unterziehen. Die Souffleeform buttern. Die Masse einfüllen. Auf der unteren Schiene im heißen Backofen etwa 25 Minuten goldbraun backen. Unverzüglich zu Tisch geben.

Dazu passen Kopfsalat und Toast.

Krebssoufflee

Klingt ungewöhnlich, schmeckt aber unglaublich köstlich! Vorsichtige versuchen es mit 2 TL Zucker!

Zutaten für 4 Personen:

50 g Krebsbutter (Seite 125) oder -paste
2 EL Mehl
1/8 l Milch
1/8 l süße Sahne

4 Eier
1–2 EL Zucker
1 Prise Salz
Fett für die Form

Das Mehl mit der Krebsbutter anschwitzen. Vom Herd ziehen, mit der Milch und der Sahne verrühren, bei kleiner Hitze abbrennen, vom Herd ziehen.

Den Backofen auf 200 Grad vorheizen. Eine hohe Auflaufform, ø 18–20 cm, einfetten. Die Eier trennen, Eigelbe mit dem Zucker unter die Einbrenne rühren und kräftig schlagen. Eiweiße steif schlagen, unter die Krem ziehen und die Masse in die Form füllen. Auf der unteren Schiene im Backofen etwa 20–25 Minuten goldbraun backen. Schnell zu Tisch geben.

Tipp: Sie können zusätzlich auch 150 g Krebsfleisch aus der Dose unterziehen.

Rhabarbersoufflee

Zutaten für 4 Personen:

500 g Rhabarber	2 EL Zucker
150 g Zucker	4 Eier
1 EL Speisestärke	50 g Zwiebackbröckchen
Fett für die Form	

Den Rhabarber waschen, in 1 cm dicke Scheiben schneiden. Die Hälfte Zucker mit 1 TL Wasser anrühren, erhitzen, bis der Zucker schmilzt und leicht karamellisiert. Dann sofort den Rhabarber zugeben und in etwa 10 Minuten weich dünsten, durch ein Sieb streichen. Die Stärke mit 1 Löffel Wasser anrühren, Rhabarbermus nochmals aufkochen, dabei die Stärke einrühren. Eine Souffleeform ausfetten und mit Zucker ausstreuen. Den Backofen auf 200 Grad vorheizen. Die Eier trennen. Eigelbe mit dem übrigen Zucker kremig schlagen, die Rhabarberkrem unterziehen. Eiweiße zu Schnee schlagen, unterziehen. Die Form mit den Zwiebackbröckchen auslegen, Souffleemasse darüber geben und im heißen Ofen auf der unteren Schiene etwa 25 Minuten goldgelb backen. Mit Puderzucker bestreut sofort zu Tisch geben.

Ente mit Rotkohl und Kartoffelklössen

Eine Ente wurde selten im Ganzen gebraten und war ein richtiger Luxus, auch wenn sie aus eigener Produktion stammte. Üblicher war Entenklein. Mit der Füllung wurde der Braten gestreckt. Der Rotkohl kam aus dem Weckglas.

Zutaten für 6 Personen:

1 küchenfertige Ente (ca. 2,5 kg) mit Innereien	geriebene Muskatnuss
	7–8 Salbeiblätter
Salz	2 Möhren
5 Zwiebeln	1–2 TL Speisestärke
2 EL Speckwürfel	Zucker
4–6 EL Butter	Weißweinessig
2–3 Scheiben Weißbrot	1 Glas Rotkohl (750 g)
2 Eier	1–2 TL Johannisbeergelee

Die Ente waschen, innen und außen mit Salz einreiben. Eine Zwiebel abziehen und würfelig schneiden. Speck zerlassen, Zwiebel zugeben und goldgelb rösten, vom Herd nehmen und 2 Esslöffel Butter unterrühren. Das Brot in Wasser einweichen. Die Innereien – abgezogener Magen, Herz und Leber, am besten auch noch Lunge – fein hacken. Das Brot ausdrücken, mit den Eiern, den gehackten Innereien, der Zwiebelmischung, Salz, Muskat und Salbei zu einer würzigen Mischung vermengen, in die Ente füllen und die Bauchöffnung zunähen.

Den Backofen auf 180 Grad vorheizen. Die Möhren waschen und klein schneiden. Die Zwiebeln schälen und grob zerteilen. Die restliche Butter in einem Bräter zerlassen, die Ente rundherum darin anbraten. Zwiebeln und Möhren zugeben, mit ¼ l Wasser angießen. Die Ente insgesamt etwa 1¼ Stunden braten, dabei ab und zu mit etwas schwacher Brühe begießen. Ente auf eine Platte setzen und warm halten.

Die Brühe durch ein Sieb gießen und entfetten. Die Stärke mit 2 EL Wasser anrühren, in den Fond gießen und aufkochen, mit Zucker, Essig und Salz abschmecken. Zur Ente reichen. Dazu gibt es Kartoffelklöße (Seite 26) und Rotkraut.

Für das Rotkraut den Rotkohl aus dem Glas in 1–2 EL Schweineschmalz oder dem abgeschöpften Entenfett andünsten, mit etwas Johannisbeergelee abschmecken. War der Kohl nicht eingeweckt, sondern eingesalzen, vorher einmal im Sieb mit kaltem Wasser abbrausen.

Schnee-Eier – Œufs à la neige

Kinder lieben dieses Dessert, das nur aus 4 Zutaten besteht! Wichtig: Nehmen Sie ganz frische Eier, sonst zerfällt der Schnee im kochenden Wasser.

Zutaten für 6 Personen:
6 Eier   ¾ l Milch
150 g Zucker   1 Stück Vanillestange

Die Eier trennen. Eiweiße steif schlagen und langsam 120 g Zucker einrieseln lassen. In einem großen, flachen Topf die Milch mit dem übrigen Zucker und der Vanillestange zum Kochen bringen, vom Eischnee Klößchen abstechen und auf der leicht kochenden Milch in 3–4 Minuten gar ziehen lassen, mit dem Schaumlöffel herausheben und kalt stellen.

Wenn alle Schnee-Eier pochiert sind, die Vanille herausfischen. Die Eigelbe mit 1–2 EL Wasser anrühren, nach und nach etwas heiße Milch zugeben und am Ende die Dotter in die heiße Milch quirlen. Langsam unter Schlagen bis kurz vor den Kochpunkt bringen – die Milch sollte kremig werden. Dann kalt stellen. Ist die Speise völlig erkaltet, die Eier auf die Vanillesoße setzen und auftischen.

Tipp: Einfacher ist es, den Schnee in einer gebutterten, mit Zucker ausgestreuten Ringform im Backofen bei 180 Grad im heißen Wasserbad etwa 15–20 Minuten zu backen. Dann sofort stürzen und kalt stellen. Zum Servieren mit der Vanillesoße umgießen.

12

Der Pfingstausflug

Pfingsten verlief diesmal bis auf ein paar Pannen ungewohnt friedlich. Der Sonnabend stand ganz im Zeichen des Herausputzens und
Schmückens. Die Haustür und die Veranda wurden mit frischem
Birkenlaub verschönt, die Gartenwege und die Straße vor dem Haus
geharkt, und sogar die Karnickel bekamen ein frisches Bett. Das bedeutete, dass die Ställe vorher ausgemistet werden mussten, eine bei
uns Kindern nicht sehr beliebte Tätigkeit, die mein Bruder wie üblich
sofort an meine Schwester und mich delegierte: «Nu mal ran, Leute,
habt euch nich so!» Worauf ihm meine kämpferische Schwester mit
den Worten: «Da haste deine Leute!», erst mal eine klebte und sich
zwangsläufig eine kurze, aber handfeste Kabbelei entwickelte. Danach
waren sie sich wieder ganz einig. Sie steckten die Köpfe zusammen und
meinten, das sei ja nun genau die richtige Arbeit für mich. Vor mich
hin murmelnd: «Das sag ich Mutter, das sag ich Mutter», gehorchte
ich, das kleinste Kind im Haus, widerwillig, denn mein Bruder drohte
mir mit Muskelstärkern. Da ich mich aber, wie sie meinten, wieder mal
selten dämlich anstellte, halfen sie mir dann doch. Bei all dem Hin und
Her entwischte uns ein weißes Angorakaninchen, ein prächtiges Exemplar mit Schlappohren, und verschwand im Geräteschuppen. Es war
nicht mehr aufzufinden. Auch Möpschen, den wir zu Hilfe holten,
richtete nichts aus. Unsere anfeuernden Rufe: «Such, Möpschen,

such!», machten ihn im Gegenteil so konfus und aufgeregt, dass Spaten, Forken, Besen und Gießkannen durcheinander flogen, ihm schließlich eine Harke einen schmerzhaften Schlag versetzte und er sich laut aufjaulend verzog.

Wir mussten die Suche aufgeben, denn Vater kommandierte uns zum Gießen ab. Dummerweise hatte sich eine Kohlmeise die Gartenpumpe zum Brüten ausgesucht und in ihrem Inneren ein Nest gebaut, in dem bereits die Jungen hockten und mit aufgerissenen Schnäbeln nach Futter verlangten. So blieb uns nichts anderes übrig, als einen weiten Weg auf uns zu nehmen und das Wasser von der Pumpe im Hof zu holen. Gießkannen und Eimer besaßen ein beträchtliches Eigengewicht, so dass wir, schon wenn sie nur halb voll waren, damit unsere Last hatten. Während wir uns abplagten, füllte Mutter jede Vase im Haus mit Blühendem, und Mamsell hatte sich Möpschen gegriffen und schamponierte den sich heftig Wehrenden auf dem Rasen mit Persil. «Harry Piel sitzt am Nil, wäscht die Füße mit Persil», sagte Vater.

Bis er wieder trocken war, sperrte Mamsell Möpschen, damit er sich nicht auf dem nächsten Beet wälzte, in die Küche. Als er wieder zum Vorschein kam, war sein Fell fast so schön wie das Haar von der Dame auf der Packung von Mamsells Pomade «Ich Anna Csillag». Vater strich ihm anerkennend über den Kopf, dann warf er einen Blick auf unser Aquarium. «Vielleicht gönnt ihr diesen armen Tieren mal wieder frisches Wasser.» Das taten wir sofort, mussten aber einen weiteren Verlust beklagen. Ein Guppy verschwand mit dem trüben Wasser im Klo.

Trotz der beiden bedauerlichen Vorfälle verbrachten wir alle eine ungestörte Nacht und genossen auch das pfingstsonntägliche Frühstück. Mamsell hatte üppig aufgetischt. Es gab ihre in der Verwandt-

schaft hoch gelobten Pummelchen, eine besonders lockere, eigelb-
bestrichene Brötchensorte, einen Hefezopf, Rosinenbrot, dreierlei
verschiedene Marmelade, weiche Eier, Mettwurst, Schinken und Boh-
nenkaffee mit nur ganz wenig Zichorie. Dazu ließ das Pfingstwetter
nichts zu wünschen übrig. Schwalben flitzten durch die Luft, Grillen
zirpten, Lerchen sangen, und der laue Frühlingswind blähte die Gardi-
nen im Esszimmer.

Nach dem guten Frühstück in Geberlaune, beschloss Vater, mit uns
eine Fahrt durch seinen Wald zu machen, und um seine Güte voll zu
machen, erlaubte er meinem Bruder, die Füchse zu fahren. Mein
Bruder war selig, aber seine Begeisterung hielt nicht lange an, denn
Vater bereute sehr schnell, dass er ihm die kostbaren Tiere anvertraut
hatte. Die beiden Stuten, deren Namen Majoran und Melisse gut von
Tante Herta hätten stammen können, waren sein Ein und Alles. Sobald sie nur einen Huster von sich gaben, musste der Tierarzt nach
ihnen sehen, und selbstverständlich wurden sie nach jedem Ritt und
jeder Fahrt trocken gerieben. So konnte es nicht ausbleiben, dass Vater
dauernd an der Fahrweise meines Bruders herumnörgelte. Mal ließ er
die Zügel zu sehr durchhängen, mal hielt er sie zu straff, mal zog
Melisse den Wagen fast allein, bis Mutter schließlich ungeduldig sagte:
«Du bist hier nicht auf der Reitschule in Hannover!» Vater war als
Leutnant vor dem Ersten Weltkrieg dorthin abkommandiert worden,
was als große Auszeichnung galt und deshalb von Mutter in Gesell-
schaft gern mit Stolz erwähnt wurde. Vater sah sie daher auch ganz
verblüfft an, bemängelte dann aber sofort Majorans Zaumzeug, das
angeblich zu locker saß. So stieg mein Bruder ab, um den Riemen
fester zu ziehen. Während er daran herumnestelte, stellte Majoran den
linken Vorderfuß auf seinen Schuh und ließ ihn dort, ohne sich darum

zu scheren, dass er sie mit Fäusten bearbeitete, damit sie seinen Fuß freigab. Endlich hatte er es geschafft und humpelte mit schmerzverzerrtem Gesicht zum Wagen zurück. «Armer Junge», sagte Vater mit Mitgefühl in der Stimme, aber großer Herzlosigkeit im Blick. «Am besten, du gehst jetzt nach hinten und tauschst deinen Platz mit einer deiner Schwestern.»

Meine Schwester kletterte nach vorn, und Mutter sagte unruhig: «Wir müssen jetzt dringend nach Hause, sonst zerfällt Mamsell der Hecht.»

In diesem Augenblick hoppelte etwas Weißes, sehr Großes über den Weg. Es war das Angorakaninchen. Die beiden Stuten erschraken aufs heftigste. Karnickel in ihren natürlichen Erdfarben und Körpergrößen waren ihnen vertraut, bei jeder Fahrt durch den Wald traf man auf sie. Aber ein weißes mit Schlappohren, fast so groß wie ein Hase, hatten sie noch nie gesehen. Und so taten sie das, was zu ihren Lieblingsgewohnheiten gehörte: Sie gingen durch. Leider in die falsche Richtung, so dass wir fast zwei weitere Kilometer von zu Hause entfernt waren, ehe Vater sie wieder zum Stehen brachte. So kamen wir eine halbe Stunde zu spät. Mutter traute sich kaum ins Haus und schon gar nicht in die Küche, denn wie laut Mamsell dort mit den Töpfen herumlärmte, war bereits im Flur zu hören. Vater sah ein, dass er es auf sich nehmen musste, den Frieden wieder herzustellen. Festen Schrittes stieg er ins Souterrain hinunter, nicht ohne bereits auf der Treppe in Lobeshymnen auszubrechen: «Oh, dieser Duft! Und hinterher Weingelee! Welche Verwöhnung!»

«Schließlich ist Pfingsten», sagte Mamsell, schon milder gestimmt.

«Eben!», rief Vater. «Ich habe fest mit etwas Einfachem gerechnet, damit Sie auch mal Ihre Ruhe haben.»

«Dafür bin ich nicht hier», sagte sie und nahm einen Löffel zur Hand. «Wollen Herr Graf nicht mal die Soße kosten?»

Das wollte Vater unbedingt. Er verdrehte verzückt die Augen. «Wunderbar! Wissen Sie noch, die Schnepfe? Ohne Sie wäre ich ganz schön blamiert gewesen!»

«Na, na.» Mamsell lächelte gnädig. «Nun übertreiben Sie aber wirklich. Es kann übrigens gleich gegessen werden.»

Der Einzige, der nach seinem unfreiwilligen Persilbad noch schmollte, war Möpschen. Wie uns Mamsell erzählte, war ihr ein Sahnetöpfchen umgekippt und die Sahne auf den Fußboden getropft. Aber zum ersten Mal hatte der Bernhardiner sich geweigert, wie gewohnt die Sahne aufzulecken. «Er ist in seinen Korb gekrochen», berichtete Mamsell, «und hat mich angesehen, als wollte er sagen: ‹Ich bin noch lange nicht dein Aufwischlappen.›»

Den Abend verbrachten wir einträchtig auf der Veranda, und die Eltern ließen sich Vaters Lieblingsgetränk, eine Kalte Ente, schmecken. Der scheidende Mai zeigte sich in seiner ganzen nächtlichen Pracht. Am Himmel funkelten die Sterne, der Duft von Flieder und frischem Grün vermischte sich mit Vaters aromatischem Zigarrenrauch, ja sogar die ersten Glühwürmchen funkelten in den Büschen. Mutter verschwand im Haus, und kurz darauf hörten wir sie spielen: «Komm wieder, Nöck, du singst so schön.» Der Nöck folgte dieser Aufforderung nicht. Dafür kam plötzlich das weiße Kaninchen angehoppelt und tat, als sei es nie weg gewesen. Und dann meldete sich die Nachtigall. Diesmal war ihr Gesang rein und klar und ganz ohne asthmatischen Schlenker.

«Recht ordentlich», sagte Vater.

PUMMELCHEN

Frühstücksbrötchen jeden Tag waren damals unüblich – man aß Getreide-grützen oder Marmeladebrote. Diese weichen, kleinen Brötchen waren also ein echter Luxus.

ZUTATEN FÜR 2 BLECHE:
etwa 0,3 l Milch   1 TL Salz
60 g Hefe (1½ Würfel)   60 g Butter
60 g Zucker   4 Eier
1 kg Mehl Type 550

⅛ l der Milch erwärmen, die Hefe zerbröseln und darin auflösen, 2 EL Zucker zufügen und so viel Mehl, dass ein weicher Vorteig entsteht. Ab-decken und an einem warmen Ort – neben dem Herd – aufgehen lassen. Das dauert etwa 20 Minuten. Die Butter schmelzen und vom Herd ziehen, auf Handwärme abkühlen lassen, nach und nach 3 Eier unterquirlen. Den Vorteig mit dem übrigen Mehl und Zucker, Salz, Ei-Butter-Mischung und so viel lauwarmer Milch verkneten, bis er sich formen lässt. Mit den Händen bearbeiten, bis er nicht mehr klebt und elastisch ist. Etwa hühnereigroße runde Brötchen formen und in einigem Abstand auf das Blech setzen. Das letzte Ei mit Wasser verquirlen, die Brötchen damit bestreichen und in der Mitte einritzen. So lange auf dem Blech gehen lassen, bis sie ihre Größe verdoppelt haben. Den Backofen auf 180 Grad vorheizen. Die Brötchen im heißen Ofen in etwa 17–20 Minuten hellbraun backen.

HEFEZOPF MIT MOHN

ZUTATEN FÜR 1 ZOPF:

etwa 0,4 l Buttermilch   100 g Schweineschmalz
60 g Hefe (1,5 Würfel)   2 Eier
1 kg Weizenmehl Type 1050   1 Döschen Safranpulver
80 g Zucker   Milch zum Bestreichen
2 TL Salz   3–4 EL Mohn zum Bestreuen

1 Tasse der Buttermilch erwärmen, die zerbröckelte Hefe darin auflösen und mit dem Zucker und so viel Mehl verrühren, dass ein weicher Vorteig entsteht. Eine Viertelstunde an einem warmen Ort gehen lassen, bis er richtig aufgeplustert ist. Dann die übrige Buttermilch erwärmen, die Eier und das Fett Zimmertemperatur annehmen lassen. Den Vorteig mit dem übrigen Mehl, Zucker, Fett, Eiern und so viel Buttermilch wie nötig zu einem formbaren Teig verkneten. Safran in 1 TL heißem Wasser lösen und zugeben. So lange bearbeiten, bis er nicht mehr klebt, dann zudecken und im Warmen etwa 1 Stunde gehen lassen, bis er sein Volumen um die Hälfte vergrößert hat. Den Teig nochmals durchkneten, in drei Portionen teilen. Jede Portion zu einem etwa 40 cm langen Strang rollen, alle drei zu einem Zopf flechten und auf das gefettete, bemehlte Backblech legen. Mit Milch bestreichen und mit Mohn bestreuen. Nochmals etwa 30 Minuten gehen lassen. Den Backofen auf 180 Grad vorheizen. Den Zopf im heißen Ofen auf der Mittelschiene etwa 45 Minuten goldbraun backen.

Dazu schmeckt am besten Sirup oder Pflaumenmus.

Rosinenbrot

Roggenmehl und Sirup machen dieses Brot dunkel und würzig. Hauptbestandteil ist aber Weizenmehl, denn reines Roggengebäck kann nicht mit Hefe gebacken werden. Eigentlich wird das Brot in einer Brotform gebacken, die etwa doppelt so große Scheiben gibt wie eine Kastenform.

Zutaten für 2 Kastenformen:

etwa 0,4 l Milch	150 g Rosinen
80 g Hefe (2 Würfel)	100 g Butter
80 g Sirup oder Apfelkraut	300 g Roggenmehl
700 g Weizenmehl	1 TL Salz
150 g Korinthen	1 TL Zimt

Eine Tasse Milch erwärmen, die Hefe hineinbröseln, den Sirup zugeben und so viel Weizenmehl, dass ein weicher Vorteig entsteht. An einem warmen Ort etwa 30 Minuten gehen lassen. Inzwischen die Korinthen und Rosinen waschen und in warmem Wasser einweichen (sie sinken dann beim Backen nicht so sehr nach unten). Die Butter schmelzen und etwas abkühlen lassen. Die übrige Milch erwärmen. Aus dem Vorteig, dem übrigen Weizen- und dem Roggenmehl, Butter, Salz und Zimt und so viel Milch wie nötig einen weichen Teig kneten. Er sollte sich eben gerade mit einem Holzspatel rühren lassen. Zugedeckt nochmals warm gehen lassen, bis er sein Volumen um die Hälfte vergrößert hat. Die Kastenformen fetten und mehlen. Den Teig nochmals durcharbeiten. Rosinen und Korinthen abgießen und auf einem Küchentuch trocknen, dann in den Teig rühren. Den Teig in die Formen verteilen, abdecken und nochmals 1 Stunde gehen lassen. Den Backofen auf 200 Grad vorheizen. Die Brote auf der unteren Schiene im heißen Ofen knapp 1 Stunde backen. Wenn nötig, mit Backpapier locker abdecken. In der Form kurz rasten lassen, dann auf ein Kuchengitter stürzen und auskühlen lassen.

Spargelsuppe

Hier wurden die dünnen Stangen verwertet. Das Praktische: Weil sie durch ein Sieb gestrichen wurden, musste man sie nicht schälen. Alltags wurde Suppe einfach aus dem Spargelsud vom Vortag gekocht – ohne Einlage.

Zutaten für 4 Personen:

500 g dünner Spargel	2 EL Mehl
1 l Wasser oder Spargelwasser vom Vortag	Worcestersoße
Salz, 1 Prise Zucker	2 Eigelb
60 g Butter	1–2 TL Zitronensaft

Den Spargel waschen, die Spitzen abschneiden und beiseite legen. Die Stangen in dicke Scheiben teilen. Diese Scheiben im Wasser oder Spargelsud, gewürzt nur mit Salz und Zucker, in etwa 20 Minuten sehr weich kochen. Durch eine Flotte Lotte passieren. Die Butter mit dem Mehl hell anschwitzen, vom Herd nehmen und mit dem Spargelfond angießen, unter Rühren zum Kochen bringen und eine Viertelstunde kochen lassen. In den letzten 5 Minuten die Spargelspitzen mitkochen. Die Suppe mit Salz und Worcestersoße abschmecken. Die Eigelbe mit Zitronensaft verrühren, löffelweise etwas Suppe zugeben und diese Mischung unter Rühren zur Suppe geben.

Pochierter Hecht in Spreewaldsosse

Angler, die den Fisch selbst ausnehmen, sollten die Leber unbedingt mit-garen – sie galt schon früher als Delikatesse und wurde vor dem Auftragen dem Hecht dekorativ mit Petersilie ins Maul gesteckt.

Zutaten für 6 Personen:

1 küchenfertiger Hecht	je 4 Piment- und Pfefferkörner
(ca. 2 kg)	2–3 EL Weißweinessig
1 Bund Suppengrün	3 Eigelb
1 Bund Dill	80 g Butter
1 Petersilienwurzel	100 g Schmant
3 Zwiebeln	geriebene Muskatnuss
1 Lorbeerblatt, Salz	

Den geschuppten Hecht waschen und trocken tupfen. Suppengrün waschen und schon vorbereiten, damit es hinterher schnell geht. Sellerie und Möhre schälen, in feinste Würfel schneiden, Porree in feine Streifen, Dillspitzen und Petersilienblättchen fein wiegen. Die Stiele in gut ½ l Wasser geben. Petersilienwurzel waschen, schälen und zerkleinern. Zwei Zwiebeln abzie-hen und in Scheiben schneiden. Eine Zwiebel halbieren und sehr fein würfeln. Zwiebelringe, Petersilienstiele und -wurzel mit einem Lorbeerblatt, den Gewürzkörnern, Salz und Essig in einem Fischbräter aufkochen. Den Hecht hineingeben, 5 Minuten leicht kochen lassen, dann bei kleinster Hitze 15 Minuten pochieren. Den Fisch auf eine tiefe Platte heben und warm halten.

Den Fischsud auf etwa 300 ml einkochen lassen und durch ein Sieb passieren. Das vorbereitete Gemüse – abgesehen von den Kräutern – im reduzierten Sud etwa 5 Minuten garen. Die Eigelbe mit einigen Löffeln Sud gut verrühren, unter Rühren in den übrigen Sud geben und bei kleinster Hitze aufschlagen – die Soße darf keinesfalls kochen. Wird sie dicklich, die Butter in Flöckchen unterschlagen. Nochmals abschmecken, dann Schmant und Kräuter zugeben, wieder abschmecken und unter Rühren heiß werden lassen. Die Soße um den Hecht gießen und zu Tisch geben. Dazu passt Kartoffelbrei.

Tipp: Statt Hecht eignet sich auch Zander für diese Zubereitung. Sie können aber auch kleinere Fische wie Forelle oder Schleie so zubereiten. Die Garzeit reduziert sich dann um 5 bis 10 Minuten.

WEINGELEE

ZUTATEN FÜR 6 PERSONEN:

8 Blatt helle Gelatine	150 g Zucker
¾ l leichter Weißwein	Saft 1 Zitrone
1 Hand voll Waldmeister (siehe Seite 165)	1 Eiweiß

Die Gelatine in kaltem Wasser einweichen. Den Waldmeister waschen, zusammenbinden und in der Hälfte des Weins ziehen lassen – höchstens 10 Minuten. Den übrigen Wein in einen Topf geben, den Zucker, den Zitronensaft, die abgetropfte Gelatine und das Eiweiß hineingeben, auf den Herd setzen und mit dem Schneebesen schlagen, so dass das Eiweiß schäumt. Bis kurz vor den Kochpunkt bringen, dann sofort vom Herd ziehen. Gelatine darf nicht kochen, sonst verliert sie ihre Gelierkraft! Den Topf 15 Minuten stehen lassen, bis sich alles Eiweiß abgesetzt hat. Das Eiweiß macht das Gelee glasklar. Dann das Gelee durch ein Sieb mit einem Mulltuch gießen.

Inzwischen den Waldmeister aus dem Wein nehmen. Löffelweise vom warmen Wein zum kalten Wein geben, bis alles gemischt ist. Das Gelee in eine Form geben und kalt stellen. Nach 6 Stunden lässt es sich stürzen. In einer Glasschüssel sieht es auch so gut aus.

Tipp: Dieses Gelee wurde auch gerne mit Kompottobst wie Pfirsich oder Birne, aber auch mit frischen Apfelsinenscheiben oder Beeren eingeschichtet.

Kalte Ente

Eine wunderbar erfrischende Bowle, die in den zwanziger Jahren groß in Mode war. Hier eine leichte Variante, bei der eine halbe Flasche Sekt durch Mineralwasser ersetzt wird. Für die kalte Ente wurde eine Bowlenkanne kreiert, die in der Mitte einen Einsatz für Eiswürfel hat. So bleibt die Bowle kühl, ohne zu verwässern!

Zutaten für 8–10 Gläser:

1 unbehandelte Zitrone	1 TL Zucker
1 Flasche Weißwein	½ Flasche Sekt
(Müller-Thurgau, Grauburgunder)	½ Flasche Sprudel

Die Zitrone heiß abwaschen, spiralig bis aufs Fruchtfleisch abschälen, so dass Spiralschale und Zitrone noch verbunden bleiben. Zitrone in die Bowlenkanne hängen und den Wein darüber gießen. Zucker zugeben und diesen Ansatz im Kühlschrank 20–30 Minuten ziehen lassen. Dann Sekt und Sprudel ebenfalls darüber gießen, Zitrone entfernen.

Glossar zu den Rezepten

Abschäumen: Wenn Suppe oder Brühe gekocht wird, «koaguliert» (gerinnt) etwas Eiweiß aus Fleisch und Knochen. Es bildet einen grauen Schaum, der mit einem Schaumlöffel abgehoben wird, damit die Brühe klar wird.

Apfelkraut: Sirupähnlicher Brotaufstrich aus eingekochtem Apfelsaft.

Backformen: Wer einen Backofen hat, sollte helle Backformen bevorzugen, sonst wird der Kuchen leicht dunkel. Im Elektroherd am besten dunkle oder beschichtete Formen verwenden – dann ist die Bräunung gerade richtig.

Backofen: Unsere Temperaturangaben beziehen sich auf einen Elektrobackofen ohne spezielle Ober- und Unterhitze. Wenn Sie mit Umluft backen, müssen Sie die angegebene Temperatur um etwa 20 Grad reduzieren. Haben Sie einen Gasofen, rechnen Sie die Temperatur so um, wie es der Hersteller angibt.

Flotte Lotte ist ein Sieb mit aufmontierter «Mühle»: So lassen sich weiche Lebensmittel durch das Sieb drehen – passieren. Einfacher geht es heute oft mit dem Pürierstab.

Krebse werden auch in Deutschland wieder gezogen (Krebszucht Oeversee, Süderweg 1 a, 24988 Oeversee, Tel. 04638/75 06, Fax 75 08). Sie können ersatzweise auch die Schwänze von Riesengarnelen nehmen.

Milchner bezeichnet allgemein den männlichen Hering – und speziell die männliche Keimdrüse. Sie hat eine ähnliche Größe wie der weibliche Rogen, hat aber eine kremige Konsistenz.

Schmant ist schnittfester Sauerrahm mit einem Fettgehalt von 20 bis 24%.

Suppengrün besteht immer aus 1 bis 2 Möhren, 1 Stück Knollensellerie, 1 Stück Porree und Petersilie.

Zuckerthermometer: Ein metallisches Thermometer, das zwischen 0 und 200° Celsius die verschiedenen Härtegrade beim Erhitzen von Zuckersirup angibt.

Inhalt

MAI